敗戦真相記

予告されていた平成日本の没落

永野護

敗戦真相記

◆

目次

◆

目次

「敗戦真相記」

◇読者の皆様へ

現代の若い読者に広く読んでいただくために、永野家の了解を得て、以下のような編集・整理を行いました。

一、「まえがき」は雑誌「自由国民」第十九巻第一号（時局月報社）の初版（昭和二十一年一月一日発行）を、本文は同・第三版（昭和二十一年二月一日発行）を底本に使いました。

一、歴史的仮名遣いは現代仮名遣いにし、句読点や送り仮名を整理するとともに、読みにくい漢字には適宜、新たに振り仮名を付し、一部は平仮名に改めるなど、原文尊重を原則としたうえで現在一般的に使われている表記・表現、字体にしたほか、改行なども一部に加えました。明らかな誤記、誤植は訂正しました。

一、日本人の人名については初出をフルネームにしました。人名、地名などは現在、一般的に使用されている表記にしました。

一、補足説明を要するものは、簡単な場合は〔　〕に入れて、他は注として『敗戦真相記』を読むための人物・用語解説」に収録しました。

一、目次については新たに編集し、編集部が内容を紹介する補足を加えました。また見出しのうち「戦争は如何にして起こりしか」を「戦争はどのようにして起こったのか」、「如何にして戦いに敗れしか」を「どのようにして戦いに敗れたのか」、「宣言四ヶ国の一票の行方」を「米英中ソ、四カ国の行方を見る」としました。

一、現在の社会通念から考えると不適切な語句や表現がありますが、本書が書かれた当時の時代環境や著者（故人）が差別を助長するような意図では用いていないことなどから、原文のままとしました。

敗戦真相記

まえがき

この小書は去る〔昭和二十年〕九月、広島で行った私の講演速記を基礎に「自由国民」主筆、長谷川国雄氏に全文にわたって修正の労を煩わせたものであります。

流れの中において流れの速さを身に感ずるほど、時代の推移の激しい今日、三カ月も前の講演をいまさら印刷に付するのもどうかと思いますが、その後の時局の変化は、私のこの講演の観察を裏書きしてくれたせいか、案外各方面に反響があり、是非まとまった本にしてくれるようにとの希望も多く、かたがた、当時の聴衆諸君に対する約束もありますので、敢えて公刊した次第です。

この三カ月の変化のうち、特に身に染みて感じますことは、進駐軍の態度によって我々日本人は単に物質的方面ばかりでなく精神的方面においても大いに学ばなければならない点が多々あることを教えられたことであります。そうして真の自由主義的生活をするためには、いたずらにその形を真似るばかりでなく、その心構えから鍛え直さなければならないのですが、ともすると自由主義と無責任・無秩序とを履き違えた行動の多いことを痛感するのです。これは終戦前の独善と圧制と同じように日本国民の文化的水準の低さを示す以外の何物でもないと思われます。事実、この書中にも引例した蔣介石の終戦直後の演説のように、日本は文化的にも征服せらるべき劣等国と目されているのです。我々は痛切にこの現実を自覚し真剣な反省と努力とによって、日本国民の文化水準の向上をはかり、軍備より解放せられたる文化大国を再建することによって、今日の敗戦の弔鐘を、明日の勝利の暁鐘と転化し得ることと信じます。

私が、この書において言うを苦痛とするような点まで敢えて触れて敗戦の真相を明らかにしたのは、日本が敗れたのは単に武力ばかりではなかったことを反省したいためであり、この小書が多少ともそれらの点について我が国民の参考になれば望外の仕合わせと存じます。

昭和二十年十一月二十三日

渋谷僑居《きょうきょ》にて　永野　護

戦争はどのようにして起こったのか

日本は敗けました。しかも完全に敗けたのであります。しかし、静かに反省してみると、みんなの胸の中に何だかまだ割り切れない、もやもやとした感情が残っておりはしないか。すなわち、はっきり敗けたとは理屈の上では考えながら、どうも本当に敗けたという気持になれない。いわゆる、勝負には負けたが、角力《すもう》には勝っていたのではないか。だから、もう一遍、角力を取れば相手を投げ付けることができるのではないかという気持が起こっていやしないかと思います。

こういう気持は、実は非常に危険な気持でありまして、第一次ヨーロッパ戦争〔第一次世界大戦〕(1)の後に、ドイツ人の胸中に普遍的にわだかまっていた思想と同一であります。当時、ドイツ人は国内には一人も敵兵を入れず、いわゆる連戦連勝で敵国深く侵入しておったのに、何だか知らないが、おしまいにガタガタと形勢が悪くなって、いつの間にかベルサイユで天文学的な賠償金を払うような終末を告げるに至った。だから、ベルサイユ条約[2]が厳然たる事実であることを毎日の体験で知らされながらも、本当に敗けたという気持がどうしてもピッタリこなかったので、その結果、何が故に敗けたかという理由を自分の中に求めないで、第三者にその原因を求めていった。

特に敗因の最も大きい部分をユダヤ人の責に帰して、ユダヤ人が内輪から裏切ったから、ゲルマン民族[3]は優秀であったにかかわらず、戦争に敗けたのであると決め込んでしまい、有名なユダヤ人征伐[4]というものを始めて、ついにはアインシュタイン[5]のような世界的な学者までユダヤ人であるという理由で叩き出してしまった。そうして、さあこれで本当にゲルマン一色でドイツ人を形成し得たから、もう一遍、角力を取ってみようという気持になったのが第二次世界大戦勃発の大きな原因であったと思います。

しかし、その結果は、第一次大戦後においては、なお世界の強国としての立場が残っておったにもかかわらず、今度、根こそぎドイツ国家そのものまでも地球上から抹殺されるというような悲惨な事態を招来するに至ったのであります。

私は、日本がここでドイツの二の舞いをして、すなわち自分の内部にその敗因を求めないで、外部にこれを求めるという風な態度に出ると、せっかく、いま二千六百年[6]の歴史をとにもかくにも食い止め得ているのに、この次には、日本人が本当に地球上から抹殺されるというようなひどい目に遭わないとも限らないですから、ここで冷静に、負け惜しみを言わないで、何が故に我々は戦争に敗けたかという事実を反省してみて、そうして誤っていた点は今後、断じて再び繰り返さないようにしなければならないと信ずるものであります。そこで何が故に戦争が起こったか、どうしてそれに敗けたかということについて、赤裸々なる私の所感を申し述べてみたいと思います。

◆

私はまず、日本をして、この不幸なる戦争の渦中に身を投ぜしめた各種の原因のうち、最も根本的なものを究明していきたいと思います。

この戦争の最も根本的な原因は、**日本の国策の基本的理念が間違っておったということ**

であります。換言すれば、日本が口先では万邦共栄というようなことを言いながら、肚《はら》の中では日本だけ栄えるという日本本位の考え方をあらゆる国策の指導理念にしておった。すなわち有無相通ずる自由通商主義ということをいつの間にか忘れて、日本の国の利益のみを目的とさせる自給自足主義を大東亜共栄圏[7]建設の名前で強行したということが、今度の戦争が起こった根本的な原因だと考えます。

元来、ペリー[8]が浦賀に来て徳川三百年の夢を醒ましたときには、日本国民は見るもの聞くもの皆びっくりするほど、彼我《ひが》の間に文化の差を発見し、一時は盲目的な欧米心酔論者が横行した時代さえあった。そのころに、こんな強国を向こうに回して戦争をしようなんていう大それたことを考えた者は日本に一人もいやしなかったのです。幸い我々の父にあたり、あるいは祖父にあたる当時の日本の指導者の施政よろしきを得て、開国当時はどうひいき目に見ても、四等国以下の国力でしかなかったものが、次第次第に三等国となり、二等国となり、ついに日清[9]・日露[10]の両戦役を終わると、一等国の仲間に入ったと自負するに至り、さらに第一次欧州大戦に連合国側に参加して勝利を占めると、もう押しも押され

◆

もせぬ世界の五大強国の一つとなったのですが、この昇る旭のような日本の国運を寿《ことほ》いでいる、その一番得意な時代に、今日の日本の禍因がその種を蒔《ま》かれたのでありまして、古人の言う「事を敗るは多く得意のときに因す」とは、まさにこのことです。

すなわち、最初はこの蕞爾《さいじ》たる〔非常に小さな〕一島国がどうして強大なる欧米の諸勢力の間に介在して、独立の存在を保って行き得るであろうかということが、手一杯の目標だったのですが、国運が伸びるにつれて、そういう消極的な目標では満足し切れなくなって、進んで積極的に、日本の国が他の国の御世話にならないで、日本の国だけで立ち行くことのできるような、いわゆる自給自足の体制を取ろうという考え方が国民の間に一般的に盛り上がってきました。少なくとも軍部の指導者は東亜十億の支配者たる位置は、日本国民に対し天から授けられたる任務であるとさえ自負するに至りました。この傾向が良かったか悪かったか、ということはなお後世の歴史家の判断を待つ点があるかも知れないけれども、日本の政治勢力を独占した軍部が、この目的を実現するためにとった手段は非常に拙劣であり、いたずらに功を焦って、九仞《きゅうじん》の功を一簣《いっき》に欠くような結果になったことは真に遺憾千万と言わざるを得ません。

すなわち、日清、日露の両戦争までは、日本の軍部の指導者も事を起こす前には、非常な細心の注意を払い、いわゆる薄氷を踏む思いで戦争に入ったのですから、その切り上げどきについても戦争の始まる前から十二分に研究しておいて、少しでも早く戦争を切り上げたいと念願しておりました。

現に、私の知っておるだけの事実について言っても、日露戦争のときに、中島久万吉（11）男爵は桂太郎（12）総理大臣の秘書官をしておられたのですが、ある日、児玉源太郎（13）大将が、中島さんのところにみえて、「桂は忙しくて、桂と打ち合わせをしておったのでは事務が遅れて困るから、君と直接、電報で打ち合わせよう」と言われ、桂さんと中島さんとの間に暗号電報をこしらえて、その写しを、桂さんと中島さんと児玉さんの三人が持つことにして、新橋から発たれたのです。発たれた、その次の日から盛んにその暗号電報を使って、戦争を止める何か具体的な情報はないかと催促されたそうです。そうして戦争終結の機会がつかみ得るならば、軍のほうは自分が全責任をもってとりまとめるから、そのほうは心配しないで、すぐにも講和に入ってくれと、たびたび言われたそうです。

また、金子堅太郎[14]氏がルーズベルト[15]〔米大統領〕と懇意であるというので、日露戦争に入る前から、あらかじめルーズベルトのところに金子さんを派遣しておいて、戦争を切り上げる機会を取り逃がさないように手配をしておったということも有名な外交的事実です。

つまり一刻も早く戦争を切り上げようとする努力を最初からしていたのです。したがって、機到《いた》れり、とみるや、いわゆる日比谷の焼き打ち事件[16]というような犠牲をおかして、民間の強硬論を圧迫してまでも手際よく戦争を切り上げてしまったのです。

これを、支那事変[17]の最中、せっかく到来した二度までの全面和平のチャンスを、いたずらに思い上がって取り逃がした東条英機[18]軍閥の無定見と軍統制力の欠如と比較すると、まさに天地雲泥の相違であります。

しかし、この東条軍閥の罪悪とか責任とか無能力とかいうことは、むしろ第二義的な問題でありまして、戦争の原因を深く突き詰めて考えますと、日本の勢力範囲内に戦争のための必要とするあらゆる物資を皆収めておかなければならないという日本本位の自給自足

◆

主義が根本的なガンであることがわかります。一度、この自給自足主義を肯定した以上は、他国の資源・領土を侵略していくという結果を招来することは資源の不足している日本の行き方として当然の帰結と言わなければならない。

満州事件〔満州事変〕[19]が突発し、それが支那事変へと発展し、さらに大東亜戦争[20]へと進んでいった経緯はちょうど一定の鉄道のレールの上を急行列車が進んでいくようなもので、一度ポイントを切り違えた以上は、その終点まで行き着いてしまうことは必然のことであって、中途からこの列車を後戻しすることはすこぶる困難である。しかも、その鉄道の工事はすこぶる不十分なもので、ボルトやナットを打ち込んでないようなところがたくさんあったにもかかわらず、無理にその上に急行列車を走らせたものだから、ついに転覆してしまったような結果になったのであります。この日本の国策決定の根本方針が間違っておったことが、今度の戦争が生まれた基本的原因であります。

東条軍閥は、この不幸なる運命に拍車をかけたにすぎない。すなわち大東亜共栄圏の思想を肯定したものは、ある意味で大なり小なり戦争責任者であると私は信じております。

◆

かくのごとく、この自給自足主義が戦争の胚子《はいし》でありますが、この胚子に対して水ともなり、太陽熱ともなって、これを不幸なる戦争にまで育て上げた、いくつかの事情が挙げられるのです。私は、国民的反省のために、この自給自足主義という戦争の胚子をこの大戦争にまで育て上げた諸事情を進んで指摘してみたいと思います。

これらの諸事情の第一には、**日本の指導者がドイツの物真似をした**ということがあげられるでしょう。

明治維新以来の日本の軍閥官僚は、伊藤博文公(21)の憲法制定をめぐる顛末の一例でもわかる通り、万事、ドイツ本位で進んできておりましたが、近年、軍部が日本の指導勢力を占めるようになって以来、あたかも日本の国情とドイツの国情が符節を合わすように似た関係になっていたものだから、ますますドイツ心酔の傾向が強くなったのです。

すなわち、日本の軍部が先ほど申したように、東洋制覇を目指して、自給自足体制の完成を急いでおったその頃に、ちょうど日本国民が万世一系の天皇を戴《いただ》いて、世界無比の国体であり、世界で最も優れた忠勇な国民であるというような自負心を持っておったと同じように、ドイツ民族は世界で最も優れた文化を持って、神に選ばれたる民族、いわゆる選民であるという自惚《うぬぼ》れた思想の下に、欧州新秩序の建設という美名を掲げてドイツ民族生活圏確保の侵略戦争に驀進《ばくしん》していたのですが、このドイツの指導者であるヒトラー(22)は日本の指導者とは比較にならないほど卓越した政治的手腕を持っていて、次々と華やかな芝居を打って巧みに人心を収攬していきましたので、ただでさえ伝統的にドイツ心酔の根強い軍部は一も二もなくナチスドイツ(23)の真似をするようになり、法律などもそのまま直輸入したのですが、ドイツの物真似をしただけでは物足らず、その弟分のイタリアと一緒になって、三人で兄弟分の盃をしようじゃないかという、いわゆる三国同盟(24)の提唱を始めるに至りました。

それでも初めのうちはまだ、さすがに日本の指導者の中には、世界の大局が見える者があって、この三国同盟の提唱に反対しておったから、平沼騏一郎(25)内閣は七十何回もの閣議を開きながら、ついにその決定を見るに至らなかったが、その次の近衛文麿(26)内閣になると、

◆

ドイツ軍はいわゆる電撃戦術により、疾風枯れ葉を捲く勢いで全欧州を席捲し始めたので、ついに三国同盟が単に軍部の主張のみならず、恐らく、当時の国民の大多数の世論として締結されるに至り、日本における英米派の勢力は完全に一掃されてしまった。こうなった以上、英米との戦争はあたかも水の低きに流れるようなものでありまして、もはや何人といえども頽瀾《たいらん》を既倒《きとう》に返す術もなく、(27) そのまま昭和十六年十二月八日の宣戦の御詔勅を拝するに至ったのです。

次に、第二の事情として、**軍部が己を知らず、敵を知らなかったこと**を指摘したいと思います。

元来、戦争というものは洋の東西を問わず、また時の古今を論ぜず、すべて誤解の産物であると言われております。何人といえども最初から到底勝つ見込みのない戦争を仕掛ける者はないはずで、お互いにどうしても勝つと思い込んだところに戦争は始まるのです。今度の戦争についてみても、英米側は最初からその物量の力に絶対の自信を持ち、日本と

◆

戦争して負けるなどとはただの一度だって考えたことはない。むしろ日本があんな貧弱な物的資源をもって本当に戦争をするはずはない、戦争をするというかけ声は外交上の掛け引きにすぎないと最後まで信じていたのです。

これというのも英米は近代科学がいかなるものであるかを熟知していたからであって、例えばリデル・ハート[28]の言うように、「最も勇敢な、かつ団結した国民といえども、敵手が決定的に優越した技術的手段を持っていれば、それが自然的な一切の性質に劣っている単なる一団体であっても、これに対抗することはできないであろう。戦闘精神という要因は次第にその重要性が減じつつある」という観察を下していたからであります。すなわち、米英は日本の軍隊の精神力というものも充分に勘定に入れていて、なおかつ、米英の持つ生産力と科学力の上に必勝の確信を持っており、同時に、当然、日本の軍部でもいやしくも近代戦の何物かをわきまえている以上は、この計算を知っているに違いないから、戦争は起こるはずはないと思い込んでいたのであります。

ところが、これに対して日本の軍部は総力戦とか近代戦とかかけ声ばかりしていました

◆

が、その実、依然として日本の軍隊の精神力なるものは英米の物的勢力を征服して余りあり、と自惚れており、かつて某大将のごときは、竹槍と握り飯とをもって米国を撃滅し得るということを本気になって全国に演説してまわったほどであります。また、米国の水兵のごときは官費で世界の漫遊をするぐらいのつもりで軍艦に乗っているのだから、本当の戦争になったらたちまち水兵たちは姿をくらまして、空き家同然の軍艦ができるだろうという噂すら、真面目に信ぜられておったのです。

このように、日本の軍部が近代戦の実体も英米の実情をも知らず、また知ろうともせずして、いたずらに我が民族の精神力なるものを過大評価して、米軍のごときは皇軍の前には鎧袖《がいしゅう》一触《いっしょく》にも値しないということを信じておったという宿命的なる独断が、この大戦を誘起する有力なる原因をなしていると思います。

およそこの第二次大戦を惹起するには、この種の宿命的なる三つの見込み違いがあります。第一は、日本の支那〔中国〕に対する見込み違いです。はじめ支那事変が勃発するや、日本は、まさか、こんなえらいことになろうと思わず、上海、南京ぐらい占領すれば、この前と同じように簡単に事変は収まるだろうと考えておった。これは、全く日本の支那に対する見込み違いで、この結果はとうとう大東亜戦争に発展し、日本の命取りになったのです。

◆

第二は、ドイツのソ連に対する見込み違いです。伝えられるがごとく、ヒトラーは確かに二カ月以内にソ連を征服し得るものと考えていたらしい。これは、戦争の一日前までドイツとソ連とは不可侵条約を結んでおり、モスクワにおけるドイツ大使館に大規模な諜報探査機関を設けて、工業援助に名を借りて、ソ連の軍隊、産業、国情のすみずみまで組織的に丹念に調査した材料の上に下された判断だから、絶対に間違いはないと思い込んでいたのでしょう。ところが、これがまたとんでもない見込み違いで、スターリングラードの惨敗(29)を契機としてドイツの命取りになった。

第三は、アメリカの日本に対する見込み違いです。さっき申したように、アメリカは日本が戦争を仕掛けようとは思わなかった。日米交渉の決裂直前の〔昭和十六年〕十一月二十六日にアメリカはコンフィデンシャル（秘密）・テンタテーフ（試案）を通牒してきた(30)

のですが、まさか日本政府がこれを強いて最後通牒と解釈して、真珠湾に不意打ちを食らわせようとは思わなかった。ところが、この見込み違いは、前の二つの場合のように、見込み違いをしたアメリカの命取りとならずに、逆に見込み違いされた日本の敗北によって、支那事変によって口火を切られた第二次大戦の終結になったことは何かそこに非常に運命的なものがあるように感ぜられます。

　思うに第一の場合の見込み違いは、日本が支那の民族的統一力に対する計算を誤ったこと、第二の場合はドイツがソ連の共産主義的力量に対する観察を誤ったことに起因するのですが、第三の場合は、米英が日本はもっと近代戦争に対する理解と準備を有しているだろうという、いわば日本を実際以上に買いかぶった角度からの見込み違いですから、日本軍部の敵を知らず己を知らざりし独善主義が、ここにおいていよいよ明瞭になってくるわけであります。

　ところで、ついに今日の事態を招いた日本軍部の独善主義はそもそも何故によって招来されたかということを深く掘り下げると、幼年学校[31]教育という神秘的な深淵が底のほうに横たわっていることを、我々は発見せざるを得ません。これまで陸軍の枢要ポストのほとんど全部は幼年校の出身者によって占有されており、したがって日本の政治というものはある意味で、幼年校に支配されていたと言っていいくらいですが、この幼年校教育というものは、精神的にも身体的にも全く白紙な少年時代から、極端な天皇中心の神国選民主義、軍国主義、独善的画一主義を強制され注入されるのです。こうした幼年校出身者の支配する軍部の動向が世間知らずで独善的かつ排他的な気風を持つのは、むしろ必然といえましょう。

◆

第三の事情として、**世論本位の政治を行わざりしこと**を挙げたいと思います。すでにドイツの戦勝に眩惑せられたうえに、我が兵力を過信した日本の軍部が広く天下の世論を聞く余裕を持たず、ひたすらに戦争遂行に驀進したのは当然であります。特に、いわゆる五・一五事件(32)、二・二六事件(33)以後には、従来日本の指導的立場にあった上層階級のいわゆる穏健層の人々は全く口を封ぜられてしまい、自由に国策を討議すべき責任と権限とを有

◆

しておる議会人すら、政府の鼻息を窺《うかが》う一途に退けられてしまい、また、社会の木鐸《ぼくたく》と自認する新聞、雑誌も戦争に対する一切の主張を封じられてしまったのであります。さらに、東条内閣が成立するとともに、いわゆる憲兵政治が非常に目立ってきて、日本国民は上下を挙げて四六時中、憲兵の監視のもとに生活するような重苦しい気分となり、いわゆる、触らぬ神に祟りなし、という気持ちになったことが敗因の一つです。

もちろん、中には敢然と軍部を論難しようとした憂国の士もないではなかったのですが、この人たちはいわば口を開くか開かないうちに憲兵政治の苛酷な弾圧下に打ちひしがれたのです。例えば福岡県選出代議士の吉田敬太郎君(34)のごときは、ある演説会で反東条の演説をしたという嫌疑ですぐ引っ張られ、軍法会議で三年間の体刑に処せられたという事実があります。軍法会議は一審限りであり、非公開で、弁護人も付さない、そして戦争妨害という大義名分を頭から振りかざすのですから何人も屏息《へいそく》せざるを得ません。

このような憲兵政治によって弾圧されたのは、ひとり代議士や民間人ばかりでなく、軍人の中でも反東条と目されているものは遠慮なくやられている。これには、最前線に送る

◆

という有効な手があり、東条一派に反対するものは、いずれも玉砕と決まったような戦線に送られてしまったという噂があります。そこで各戦区の司令官はいずれも多かれ少なかれ反東条の色彩を帯びていたといわれている。しかし戦争であり、陛下の御命令という以上、どうすることもできない。そして内地や中央はほとんど東条私兵でかためてしまったというのですが、これでは本当の戦争ができようはずはありません。

また、この応召という手はしばしば民間人を威嚇するためにも用いられたといわれ、某省の次官までした某工学博士も一時、反軍的とにらまれて、北支〈中国北部〉に一兵卒として追いやられてしまったと伝えられています。この人は、ラジオロケーターの権威で、当時一生懸命にラジオロケーターを研究していたのですが、軍部に気に入らぬと、ラジオロケーターも工学博士もあったものではない、直ちに報復的に一兵卒にされたというのですが、真偽のほどは保証の限りではありません。しかし、こういう噂というものは、その噂自体の真偽よりも、そういう噂を生み出す雰囲気のほうに重点を置いて取り扱ってしかるべきだと思います。

◆

また重臣方面に対しても、各種の手段で軍は押さえつけていた。例えば現在〔昭和二十年九月〕の外務大臣、吉田茂[35]氏は反戦的な言辞を弄したという理由で、終戦直前まで憲兵隊の留置場につながれていたのは、周知の通りですが、憲兵政治はこれを機として、吉田氏の邸に会合する重臣連を一網打尽に押さえつけようと準備していたといわれています。これはいわば第二の朝飯会ともいうべきもので、戦況、日に非なるを憂え、一日も速やかに戦争終結の機会をつかまんとした重臣たちが、吉田邸にときどき会合していたのですが、いったい、どうしてそれが憲兵隊に洩れたものか、さっぱりわからなかったが、だんだん日が経つにつれて、スパイは吉田氏が日常目をかけてやった同邸の書生だと判明して、関係者一同、唖然としたという話です。

憲兵隊の手がもう少し伸びると、広田弘毅[36]、幣原喜重郎[37]、岡田啓介[38]、鈴木貫太郎[39]の諸氏なども吉田氏と同様、反戦の名目で押さえしまい、日本を名実ともに軍部一色化し、いわゆる本土決戦で七千万国民を最後まで道連れにする計画だったのが、その危うい直前に「万世[40]のために泰平を開く」の御聖断が下されたわけであります。

以上の二、三の実例によっても、日本に世論本位の政治が行われざりしこと、また、何故に行われざりしか、その裏面の消息を窺うに足るものと信じます。

◆

そのうえに日本にとって最も不幸だったことは、以上申し述べたような諸種の事情が、**日本有史以来の大人物の端境期に起こったということ**でありまして、建国三千年最大の危難に直面しながら、如何にこれを乗り切るかという確固不動の信念と周到なる思慮を有する大黒柱の役割を演ずべき一人の中心人物がなく、ただ器用に目先の雑務をごまかしていく式の官僚がたくさん集まって、わいわい騒ぎながら、あれよあれよという間に世界的大波瀾の中に捲き込まれ、押し流されてしまったのであります。

これは必ずしも、北条時宗[41]の故事に遡らずとも、〔明治〕維新当時、日本の各地に雲のごとく現れた各藩の志士、例えば一人の西郷隆盛[42]、一人の木戸孝允[43]、一人の大久保利通[44]のごとき大人物が現存しておったなら、否、それほどの人物でなくても、せめて日清、日露の戦役当時の伊藤博文、山県有朋[45]のごとき政治家、また軍人とすれば陸軍の児玉源太郎、大山巌[46]、海軍の山本権兵衛[47]、東郷平八郎[48]大将のごとき人物がおったならば、さらにもっと降って、せめて加藤高明[49]、原敬[50]、あるいは一人の山本条太郎[51]が今日おったならば、恐らく日本の歴史は書き換えられておったろうと思われるのです。

支那事変から大東亜戦争を通じて、日本の代表的政治家は曰く近衛文麿、曰く東条英機、曰く小磯国昭[52]、曰くなにがしであり、これを米国のルーズベルト[53]、英国のチャーチル[54]、支那の蒋介石[55]、ソ連のスターリン[56]、ドイツのヒトラー、イタリアのムッソリーニ[57]など、いずれも世界史的な傑物が百花繚乱の姿で並んでいることに思いを致してみると、千両役者のオールスターキャストの一座の中に我が国の指導者の顔ぶれの如何に大根役者然たるものであったかを痛感せざるを得ないでしょう。

また、民間の代表的人物といいますと、三井財閥では住井某[58]、三菱財閥では船田某[59]など、いずれも相当の人柄でしょうが、これを一昔前の渋沢栄一[60]、井上準之助[61]などに比べると、いかにも見劣りせざるを得ない。その他、政党方面に誰がいるか、言論文化の方面には誰がいるか、どの方面も非常な人物飢饉であり、そのために本筋の大道を見損なって、とんでもない方面に日本国民を引っ張っていく一つの大きな原因になったと思われます。

◆

どのようにして戦いに敗れたのか

以上述べたような基本的な原因と、これを育成した諸事情によって、この戦争は発生したのですから、その発生原因それ自体がすでに敗北の要素を内包しておるといっていいでしょう。種が腐っていたのですから、良い樹が育つわけはない。換言すれば初めから敗けるべき戦争に敗けたのでありまして、そういう呪われた宿命を持った戦争であったということを、我々は充分に知るべきであります。

すなわち一番初めに申し述べたように、この戦争の基本原因というものは各種の政治的成功に慢心した軍部指導者が我が国政の根本方針を各国共存共栄の自由通商主義に置かずに、我が国一国を中心にした自給自足主義に置いたところにあるのですから、我が勢力下に帰した土地の経営が自ずから日本本位となり、その土地の原住民の福祉を二の次にする

◆

ようになったのは当然のことで、されぱこそ満州国を拮据《きっきょ》経営すること十数年、形の上から見れば世界植民史上類いないくらい立派な成績を挙げたにかかわらず、ついに大和民族はこの満州人の人心を把握することさえできなかったのです。

現に私の極めて懇意にしている、ある満州人は、満鉄(1)に十数年も勤め、日本語も下手な日本人よりもむしろ流暢《りゅうちょう》なくらいで、その感情からいっても生活様式からいっても、全く日本人化した男ですが、その男がある日、私と酒を飲みながら酔いの廻った頃に突然、「永野さん、こうやってあなたと御懇意に御交際を願っていますが、万一日本がロシアと戦争でもするようなことがあったら、私は遺憾ながらロシア側に付きますよ」と、こう言い出した。私はびっくりして「なぜ、そんなことを言い出すのかね」と問いますと、「実は日本人にいろいろ御世話にもなっているから、こうやって今日まで辛抱しておるのだけれども、本当に腹に据えかねることがある」と言って、四つも五つも日本人の満州人に対する仕打ちの冷酷な例を挙げたのです。

聞いてみると、その指摘するところは皆事実であって、弁解や否定の余地がないことばかりなので、「まあまあ戦争になるようなことはないだろう。また、あればその時はその時のことさ」と言って別れたが、この男ほど日本人化していない満州人がどういう感情を抱いているかということは想像がつくわけです。だから今度いよいよ終戦になってソ連軍が進入してきた後で邦人がいかに満州人から冷酷な取り扱いを受けているか、思い半ばにすぎるものがある。現に、それを裏付けするような悲惨なニュースが毎日、我々のところに伝わってきているのです。

こんな例は単に満州ばかりじゃない。フィリピンでもタイでも、いたるところで起こっている。例えばフィリピンのごときも数十年間、独立運動をやって、ついにその目的を達し得ない。それを日本人が行って本当の独立を与えてやったのだから、フィリピン人はさぞかし日本に全幅の好意を寄せているると思い、また実際、感謝しているのだと我々は聞かされておった。形の上から言えば、フィリピンの大統領が日本に謝恩使という形でやってきて、日本の代表者といわゆる長夜の宴を張って大東亜の黎明を寿《ことほ》いでいたが、事実は全くこれと正反対になっている。たとえば山下奉文[2]大将の言として伝えられるところによっ

◆

てみても、フィリピンにおける日本の敗因中、フィリピン人が日本人に協力せず、ことごとにアメリカ人と協力したことが日本の作戦に齟齬《そご》をきたした大きな原因であると告白しています。

これは日本の指導方針の根本が日本本位であって、フィリピン人の福祉を第二義的にしか考えていなかった当然の報いであって不思議でもなんでもない。例えば、日本で綿が要るとなると、フィリピンの重要な食糧である米田を無理矢理に強制して綿を作付けさせるようなことをする。しかし、フィリピン人にとっては米は生命の糧ですから、これを抜き取られてはたまらない。万事、こういう行き方がフィリピン人の人心を把握し得なかった原因であると思われます。

また、タイにしてみても、長い間イギリスやフランスの勢力に圧倒されて奴隷扱いを受けておったのが、日本が行って初めて完全な独立を回復し得たのですから、ここからも日本に対して親善使節がやってきて、いわゆる長夜の宴を張って、タイの前途を寿いだようなわけで、タイの人心は挙げて日本に帰服していることだろうと思っておりましたところ、

◆

今度、戦争が済んでから英米側の発表したところによりますと、日本にいわゆる謝恩使としてやってきた当の〔タイの〕総理官邸の地下室が英米側の諜報機関の本部であり、階上で聞いた軍機の秘密はすぐその地下室から英米両国にどんどん短波で打電されておったとのことがわかって、日本人はむしろ唖然としたような次第です。

すべてこういうことは日本本位の自給自足主義の当然の結果ですが、それと同時に行政の最末端に行く日本の役人の人柄によるところも大きい。例えば満州の例にしても、上のほうの日本の役人の中には相当に満州人の福利を考える人もいるが、そういう人は数が少ない。一番数の多い末端の日本官吏は具体的に言えば巡査です。これがろくでもない人物が多く、例えば満人経営の料理屋なんかに行って無銭遊興をする。あまり来るからというので三遍に一遍は嫌な顔をすると、夜中に来て臨検をする。ここに何かスパイがいるに違いないというような理由で、夜中にたたき起こして家捜しをする。それも本当に嫌疑があって調べるならば仕方がないが、明らかに嫌がらせなんです。そういう例はいくらもある。だから到底、日本人とは一緒にやれないという告白をよく満州人はするのですが、日本人だけが特権を持った民族であるという神国独善思想が、こういう末端官吏の行動にまで現れていたわけであります。

こういう事情ですから、日本人の勢力地域が拡大すればするほど反対に日本の戦力は脆弱《ぜいじゃく》になるという奇妙な論理が成り立つようになって、ちょうど下手な石工の築いた石垣のようなもので、いたるところ穴だらけで、どこを突いても、すぐ総崩れとなる形勢になっていた。日本国民は、形式的に日本の占領地区が広がったのを日本が強くなったのだと思って、「紀元は二千六百年」(3)を謳《うた》っていたのですが、事実はむしろ反対の結果となり、いたずらに遠方のほうに兵を出したことが、日本の「生命とり」となってしまったのであります。

◆

要するに**第一の敗因**は、日本の戦争目的が東亜の諸民族を納得させて、随いて来さしめるような公明正大な目標を欠いておったところにあります。元来、この戦争目的如何が戦争の勝負に大きな影響を与えるということは、一見、そんな馬鹿なことはないという風に考えられる。戦争目的などというものは売薬の広告みたいなもので、薬の効き目には何の影響もないというように考えられるのですが、実は、この戦争目的なるものが戦争の勝負に対し如何に大きな影響を与えるかということは、第一次欧州戦争後、ルーデンドルフ(4)がその回顧録に「第一次世界戦争はドイツの戦争目的に世界各国を納得せしめる公正な目的を欠いていたためにドイツの敗けとなったのである。だから、この次に戦争するときには、必ずドイツがやむを得ず干戈《かんか》〔武器〕をとるのだということを、世界各国民をして納得せしめる公明正大な理由を求めなければならない」、こう書いているのでもわかります。

ところが実際問題としてみますと、ドイツにしても日本にしても今度の戦争目的はことに不明瞭でありまして、日本では満州事変、支那事変、大東亜戦争と戦争が段階を変えるごとに戦争目的が変わってきた。大東亜戦争の中途で、大東亜共栄圏の四大原則(5)というものが発表されましたが、これは大西洋宣言(6)を模作した一種の作文にすぎないのであって、日本人ですらこれを暗記しているものは極めて少ないぐらいです。実際、あの四大原則を達成するために、応召したり、国債貯金に精を出したり、米を供出した国民が幾人あるでしょうか。まして当の相手の占領地の国民がこれを読んでも、これなら日本に協力しなければならないという気持ちになるはずがない。皆肚で笑っている。例えばソ連がドイツの侵略戦争から「祖国を護れ」という極めて直截簡明な言葉を戦争目的として掲げ、何が故に戦うかという意味を、一億六千万人のロシア人の心魂に強くぴたっと焼き付けているのに較べて、数千マイル離れているインドネシア民族のために自分らの良人《おっと》の命、子供の命を献げなければならないということを納得していた日本国民はほとんど一人もなかったというのが実状でしょう。いわば日本の戦争目的は大東亜諸国を納得せしめなかったばかりでなく、日本国民をも納得せしめ得なかったのでありまして、これが、今度の敗北の第一の原因であると思うのであります。

次に、**第二の敗因**として日本の軍部が自己の力を計らず、敵の力を研究せず、ただ自己の精神力を過大評価して、これに慢心したことを挙げなければならない。これまた戦争の原因であるとともに敗北の原因になっております。日本の軍部がもう少し敵の力を研究しておったならば、最初から戦争にはならなかったであろうということは前述いたしましたが、既に戦争になってしまった後においても、この態度は少しも変わらず、依然として敵の力量を研究しないで一方的に日本の戦略ばかりを考えていたのです。

この敵の力を研究するという点において世界的に有名なのはイギリスの諜報網であります。第一次欧州戦の時にはノースクリフ[7]が長官となりまして、世界各国のすみずみまで、有名な諜報網を張りめぐらし、時々刻々の情報を手に取るがごとく集めて、これを作戦外交の資料となし、それに対する宣伝対策を適当に打っていったために、ヒトラーをして「第一次大戦はノースクリフの紙の弾丸のために敗れた」と嘆ぜしめたぐらいですが、今度の戦争においても実によく日本の情報がわかっていたらしい。これについては、驚くような実例がたくさんあるのです。

例えば日本で虎の子のように大事にしている石油のタンクを敵機が爆撃する場合に、チャンと本物の石油タンクばかりに爆弾を落として、せっかく偽装してずらりと並べてある水タンクのほうには一つも落とさないような事実もありましたし、また青梅地方にドラム缶に入れた、とっておきの石油を持っていったとき、それを一昨日の晩持ってくると、今日はもう完全に爆撃されたというようなこともありました。これなどはその近所に住んでいる日本人すら何も知らないで、爆撃されたあと初めて、ああ、あすこにドラム缶が来ていたのかと気がつくくらいで、そのスパイ網の巧妙な張り方はただもう驚くほかはないのです。

また、日本で初めて噴進式の飛行機を今年〔昭和二十年〕の六月か七月頃に、小泉の中島飛行機(8)の工場で完成したのですが、この時たった一日、数時間、格納庫から外に出しておいたところ、それをもうちゃんと写真に撮ってあり、今度の終戦後、米兵から「今年の何月何日にロケット機を完成しただろう。その時の写真がこれだ」と言って見せられた時には日本の関係者は全く度胆を抜かれたそうです。

また、九州の太刀洗あたりの基地に日本の飛行機が全部勢揃いして、南に飛んでいくことになっていた当時、その基地を見下ろすことのできる山の上に小さな神社がありまして、そこには神主と巫女がいたのですが、月に一遍ずつ、そこに下の村からお供え物があがっておりました。ある時、たまたま神主が留守のときに巫女がお供え物を受け取ったが、そ

◆

の上に饅頭が乗っているので、そっとその饅頭を取ったところ、その下から金貨がザラザラと出てきたのです。驚いた巫女は早速駐在の巡査に届け出たために、それからそれへと足が付いて調べた結果、驚くべきことにその神主がスパイで、奥の院の神社の地下室に短波の送信機を置いて、下の基地にいつ何機来て、どこに飛んでいったということを一々米英側に報告しておったということがわかったのであります。神主とスパイという対照が妙ですが、そういう類例は至るところにあり、日本の実情は先方にすっかりわかっていたのであります。

ところが反対に日本のほうはどうかというと、ちょうど日本でいう「キング」あたりに相当する「ライフ」というような大衆雑誌、それも数カ月遅れたものを中立国を介して手に入れて、アメリカではこんなことを考えているということを種にして戦争しているのですから、その勝負はもう初めからわかっていたというべきでしょう。

日本の諜報機関が何故こんなに無力であるかと申しますと、そういうトレーニングが平素からできていないということ、資金的な力が足りないということがその原因でありますが、根本的には相手方の事情を研究しなければ戦争ができないということに対する認識が足りないということに帰着するのです。

アメリカの諜報網はイギリスのほど有名ではないけれども、今度終戦になってやって来たアメリカの兵隊に会ってみると、実に驚くべきほど日本の事情を知っていて、不勉強な日本の官僚はすっかり音をあげてしまった。米国においては、平素は日本語の研究機関などはたいしてなかったのですが、大東亜戦争になってから、さあ大変だというので、あらゆるところに日本語の研究所をつくりまして、あのむずかしい漢字を覚え、日本の中学校や女学校の教科書をたくさん第三国を通して輸入して、それによって日本の歴史、地理から倫理まで研究して、日本人はどういう人情であり風俗であるか、産物にはどういうものがあるかということを十分呑み込んでから、それに対する手を打ってきたのです。

ところが、日本のほうはそれとまるで正反対で、たいして外国の事情を研究しなくてもいい時には中学校や女学校に英語を正課として置いて、どんなに英語の嫌いな者でも、英語を知らなければ卒業させないということを強制しておきながら、本当に英語が必要になった時には反対に敵性語だといって英語を教室から駆逐してしまった。極端なことは、英字新聞を読んでいるとスパイだというので殴ったりして、停車場のローマ字すら消してしまった。米国のやり方とは全く正反対です。

戦争になってからこそ英語を研究しなければならないのに、逆に英語を禁じてしまったのですから、日本人のやることがいかに不合理で見当違いかということが、それをもってもわかると思う。すなわち相手方の力量とか実情というものを研究しないで戦争をしたのだから、これではちょうど、めくらと目明きが撃剣〔剣術〕をするようなもので、向こうは急所を狙って打ちこんでくるのに対し、こっちは盲滅法に、ただ刀を振り廻すにすぎないので、この勝負は誰が見ても明らかで、到底勝ち目はなかったのです。

◆

第三の敗因は、軍の指導者が国民の良識や感覚を無視して、一人よがりで自分のいいと信じたところに国民を連れていこうとした点にあります。これは最初に戦争開始の原因として世論本位の政治を行わざりし事実を述べましたが、戦争が始まった後の戦争遂行上の方策に対してもやはりそれと同じような筆法を用いましたために、国民は最後まで戦争を納得せず、その結果、いわゆる国を挙げての総力戦という実質が最後まで整い得なかったのです。

すなわち、何が故に戦争をしなければならないのか、十分理解せしむることなくして、法律規則と権力でもって強引に押し切ろうとしたために、かえって国民の間に一種の反感的な気分が起こってきた。もし国民全部が本当に自分たちが働かなければ日本の国が潰れると自覚し、真剣に働く気になったなら生産能力はおそらく倍加しただろうと思われますが、これに失敗したことが日本の軍需生産力を落とした大きな原因で、終戦前後の軍需工場の出勤率の異同が、この事実を最も具体的に証明しております。すなわち、本年〔昭和二十年〕八月十五日前における日本の各重要産業の出勤率は、たとえそれが戦災という特殊事情があったにしても、また空襲というエクスキューズがあったにしても、その工場が動かなければ、日本が戦争をやっていけないというほど重要な関係にある工場にして、なお二割か三割という情けない低率を示しておりまして、日本全体としても六割には達しなかったでしょう。

ところが、八月十五日後となり戦争が済んでしまって、いわばそんなに出勤をやかましくいわなくてもいいような時代になってくると、反対にこれらの工場が俄然九〇パーセント、九五パーセントという非常によい出勤率を示すようになったのであります。これは一見妙な話でありまして要らぬ時には出勤率がよくて、要る時に出勤率が悪いという辻褄の合わないことになっているのでありますが、この原因は極めて明瞭であって本当に物の要る時、工員を工場に出勤さす推進力となったものは、本人の納得しない権力、規則、あるいはお説教であり、徴用(9)、学徒動員(10)というような鞭《むち》の力で国民を工場に追いやったのですが、八月十五日以後になりますと、問題が端的に国民の頭に浮かんできて、怠けて馘《くび》になっては生活が脅かされるというので、自発的に進んで出勤するようになったことが、かかる出勤率の変化を招来した理由なのです。

戦争中、本当に働かなければならなかったときに肺結核だとか、胃潰瘍だとか、あるいは親が怪我をしたから看護のため国に帰らなければならないとか、それぞれ、もっともらしい理由を付けて工場を休んだものが、八月十五日以後、急に出勤し始めたのは、決してその肺結核が治ったためでもなければ、胃潰瘍が治ったのでもない。また、はしご段から落ちた親の看護に行く必要がなくなったのでも何でもない、ただ出勤しないと大変なことになると自分の頭で判断して、出勤したにすぎないのであります。

すなわち本当の実情から言えば、出勤し得る者がその重要性を自覚しないために怠けて出勤していなかったことが、これによってはっきりとわかるのであって、今度の戦争が国民の総力戦になっておらなかったということを、この出勤率の変化ぐらい具体的に表現している例は他にないと思うのです。

もちろん、日本の資材は非常に不足しておって、鉄のごときは敵の生産量の五パーセントにも足らない情けない数量ではありましたが、せめてこれだけの資材でも技術者や工員がこれを本当に日本のとっておきの資材だから大切に使わなければならないというような心構えで使ってくれたら、もっと効率的な生産をすることができたはずです。ところが実際においては工員に対し、その重要性を納得せしめないで使っているから、大切な飛行機をつくるアルミニウムを盗み出して弁当箱をつくって闇で売るというようなことが起こってくるのです。

◆

私は先年、朝のラジオ放送で、ある文学博士が歴史の話をされるのを聞いたことがありますが、その中で「歴史というものは過去のことをただ空暗記する学問ではなく、過去のことを推して将来のことを判断する学問である」といって、いろいろ実例を挙げられた際に「軍人がやった戦争で勝った例はない。必ず政治家の率いている軍隊に敗けている。歴史がはっきりそれを示している」と説明しておられましたが、私はこれを聴きながら東条首相がよくこんな放送を許したなあと思ったことを今でも覚えている。

結局、戦争に勝つためには、どうしても国民の総意を結集する以外にはない。その点においては政治家のほうが軍人よりもはるかに優れているという教訓を示すものだと思うのです。ところが、日本の軍部の指導方針はこれらの歴史的教訓とは全く逆で、国民全部の目を閉ざし、耳を塞ぎ、口を閉じさせ、ただ鞭と剣の力で、工場に戦場に国民を追いやったのですから、最後まで本当の戦力が出なかった。これが、第三の敗因であります。

「科学無き者の最後」

以上のほか、国民の非能率だったこと、官僚の独善的だったことなど、いろいろな理由が綜合して戦争の敗因となったのですが、最も現実的に日本をギュッと参らせたのは、英米の科学の進歩ということであります。これは、さらに二つに分けて考えなければならないのであって、その一つは科学兵器の進歩があまりに違っておったことであり、他の一つはマネージメントの科学性の問題であります。科学兵器の差はあらゆる兵器について皆言い得るのであって、残念ながら何一つ日本の兵器が英米側より優れておるというものはないのですから、飛行機はもちろん、軍艦、大砲、火薬、いずれの例をとって説明してもよいのですが、その中で一番、日本に手痛い打撃を与えたのはラジオロケーターであります。このラジオロケーターというのは英国の名前でありまして、アメリカではレーダーといっております。最近におけるラジオロケーターの機能というものは驚嘆に値するのですが、これは戦争が始まった後に急激に進歩したと言っていいのです。日本軍がシンガポールを占領したときにイギリスのラジオロケーターを鹵獲《ろかく》して、それを調べたときには、その性能は当時日本で持っておったものに比べてみて、質的にあまり違わない、ただ、量的に大差あるのみというわけで調査に行った日本の専門家もだいぶ楽観していたのですが、日本はその後、材料その他の関係でその質も低下したのに反し、英米側の進歩は実にめざましいもので、今日では比較するだに恥ずかしいほどの開きができた。

元来、原子爆弾[1]、ラジオロケーターというような新しい有力な兵器は、全部イギリスで発明され、アメリカはこれを工業化したにすぎません。そういう点でイギリス人というのはやはり偉い国民です。第一次世界大戦はイギリス人がタンク（戦車）を発明したことによって勝負がついたと言われている。今度の戦争においてもまたラジオロケーターによって勝負が決したといって言い過ぎではないでしょう。

今度の戦争も最初のうちはドイツの潜水艦が花形武器であって、〔第二次世界大戦〕開

◆

戦二年後の一九四〇年には毎月百万トン以上、一年には千数百万トンの船舶を撃沈して明らかに英米両国の造船率を超過した撃沈率を示しておりましたから、敵と味方を通じて、イギリスは結局ドイツの潜水艦によって息の根を止められるであろうという見方をしていたのです。この危機一髪の際に、イギリスにラジオロケーターという救いの神が現れました。ラジオロケーターだと、暗夜の海上でも潜水艦の所在点が発見され、ちょっとでも潜望鏡を出すと飛行機から爆弾を投げられる。浮かび上がることも進むこともできない。今度は逆にドイツの潜水艦はイギリスの飛行機のために、えらい目に遭わされるようになり、爾来一年にして、ほとんど大西洋から姿を没した。これによって英米間の連絡が持続できて、戦争に一転機を画したのですから、イギリスのラジオロケーターが今度の戦争の最大の勝因であると言っても、あながち誇大な表現ではないと思うのであります。

このラジオロケーターはアメリカに渡って、さらに急激に進歩し、日本に爆撃に来た際、真っ暗な闇夜に来ても白昼と同じような正確な写真を撮っております。だから雨の降る日なんかも、下からは飛行機の姿すら見えないのに、敵のほうからは立派な照準をして正確な投弾をしている。また、日本の潜水艦があの広い太平洋のまん中にちょっとでも潜望鏡を出すと、すぐ米国のレーダーにつかまってしまい、即座に飛行機がやって来て、アメリカ自慢の照準機で投弾するから、ほとんど百発百中やられてしまうのです。これが日本の潜水艦および諸艦船がほとんど全滅的打撃を受けた大きな原因です。

　また、このラジオロケーターのために、日本の特攻隊[2]の勇士をどのくらい犬死にさせたか、わかりません。特攻機が目的の軍艦の上に行かない前に、ほとんどみなラジオロケーターにつかまってしまい、大部分は中途で敵戦闘機の餌となっております。また、日本の運送船の所在もたちまち発見されてしまうので、向こうの目をくらまして南方各地と連絡することがほとんど不可能になった。すべてこれラジオロケーターの力といって差し支えないのです。

　ラジオロケーターに次いでこの戦争に最後の止めを刺したのは、何と言っても原子爆弾であります。これも歴史的に言えば、一九一九年にロシアの学者がその原理を発見したと

◆

いう話ですが、完成したのはイギリスで、工業化したのはアメリカです。ドイツでもソ連でもイタリアでもフランスでも皆、相当の研究はされており、日本においても陸海軍や各大学で研究の結果、理論だけはわかっていたのですが、ウラン二三五と二三八(3)を分離することが実験できなかったのです。

そこで、広島が原子爆弾でやられたという報告を受け取っても、日本の技術者連は「技術的にできるはずがない」と軽々には承認しなかったのですが、実情調査のため飛行機で広島に飛び、その惨状を上空から見たとき、機上にあった連中は期せずして「なるほど、これはひどい。原子爆弾に違いない」と顔を見合わせたとのことであります。

広島における惨害の程度は調べれば調べるほど甚《はなは》だしく、一言にしていえば広島全市が、一発の爆弾で消失したといい得ると思いますが、その爆弾の中に使用したウラン二三五はわずか一グラムにすぎなかったそうです。しかし、これを火薬に換算すると八十万トンという想像もできない大量の火薬の爆発力に相当します。

当日、広島の上空に落下傘が三つ降りてきましたので、最初はそれを爆弾だと思ったが、

◆

実際はこれは圧力の差や爆発力などを無電で沖縄にあるアメリカ軍の本部に自動的に知らせる観測器でありまして、これによってみると、広島における爆発力はアメリカの内地で実験したときに比べると半分ぐらいの力しか出ておらず、アメリカとしては満足すべき爆発力ではなかったとのことですが、何にしてもわずか一グラムでもって、あれだけ大きな爆発力を持っておるのだから、あれだけでもう満足してもらってたくさんなわけでしょう。

ことにこの爆弾の性能は物理的な破壊力の素晴らしさよりも、人間に与える生理的な影響の深刻さのほうが聞けば聞くだけひどいのであって、被害を受けた当日は外部的に少しの負傷もなく、身体に何の異変も感じなかった者が、ずっと後になって次第に食欲がなくなり、頭髪が抜けて死んでしまう者がたくさんある。広島では当日、ガスを吸った者が激しく労働するといけなくなるといっている。いくらか怪我をして、すぐ広島を離れて静養した者はかえって工合がよく、何も故障がないために広島に残って働いた者があとになってひどい目に遭った。その症状に至っても各人各様で、あるいは骨が腐って死ぬ人もあれば、胃の中がまるでザクロのように爛《ただ》れて死ぬ人もあり、特に〔八月〕六日の現場の話を聞くと、そのむごたらしさは到底聞くに堪えぬほどでありまして、中には近所の川にピクニックに行っていた何百人の女学生の皮膚がまるで蛇の皮が抜けるようにツルリと剥《は》げて肉がまる出しになったような生き地獄を現出したのです。

◆

この他、科学兵器については、日本人として目を見張るような実例がたくさんあるが、素人にも最もわかりやすいのは、土木機械の一例で、戦力の差をこれぐらいハッキリ納得さすものはありません。例えば、厚木と横浜の間、四十キロの間に二十七時間で五インチのガソリンパイプの敷設を完成したということなども、その一例でしょう。

八月二十九日に初めてアメリカの飛行機が厚木に着いたのですが、到着するとすぐその飛行機に給油をしなければならない。アメリカのタンカーは横浜に着いているので、これを厚木まで送油しなければならない。ところが日本の輸送能力ではなかなか手間がかかって、とてもアメリカの考えているように手早く仕事にはならないと気がつくと、アメリカではすぐこの間にパイプを敷くと言い出した。これを聞いた日本の軍人は、横浜から厚木

◆

まで四十キロ、その間には山あり谷あり、測量するだけでも三日や四日ではできないから、すっかりできあがるまでには少なくとも三年はかかる。そうするとその間、タンカーは横浜に釘付《くぎづ》けにしなければならない。給油すべき飛行機も三年間厚木に釘付けにされなければならない。そこで大いにびっくりして「いったい何日でやるつもりだ?」とアメリカの兵隊にきいたところ、「四日《フォー・デイズ》」と答えた。これを聞いた日本人の頭ではどう考えても四日ではあり得ない、四月《よつき》でも早いと思ったが、「オンリー・フォー・マンス——四月とは早いですなあ」と感心したら、「ノー、フォー・デイズ」と言い直した。

日本人なら、誰にやらせようかと決めるだけでも四日はかかる。それから測量機械を担《かつ》いで厚木と横浜の間を歩くとなると、四十キロあるから調査するだけで四カ月で完成すれば、よほど早いほうで、それから設計する、入札する、あれが良い、これが悪いと選んで工事にかかって、まあ三年でできれば好成績でしょう。だからその頭で見ると、四日間でやるということがどうしても想像がつかない。けれども、やるというのだから、勝手にしやがれというので肚の中で笑っていた。ところがアメリカ兵はすぐ工事にかかって、たった二十七時間で仕上げてしまった。

四日間なんてかかりはしない。たった一日半で四十キロの給油管を敷設して、現に厚木の飛行場にはちゃんと毎日、横浜のタンカーから給油しております。

ところで、この事実が特に我々に感動を与えるのは、同じような工事をいま、日本が他の地方でやっているからです。千葉県の大多喜というところに天然ガスが出る。大多喜では需要が少ないから、千葉市に持っていこう、千葉市なら人口も多いし、工業燃料としても使えるからというので、三年前に大多喜から千葉市へガス管を敷設することに決定したのです。

◆

この計画に対しては軍需省も燃料国策として非常に結構というので乗り気になり、その方面の国策会社である帝国鉱業開発の直系会社である昭和鉱業が全力を尽くして工事に取りかかっている。これはやはり距離が厚木―横浜間と同様、四十キロで、やはり五インチのパイプを使って三年間やっているのだが、未だに完成はしていない。ガスとガソリンと運ぶものは違っていて、工事の分量は同じなのですが、それを片っ方は二十七時間、もう

◆

片っ方は三年かかってもまだ完成しない。

それからもう一つ、進駐軍が横浜の〔ホテル〕ニューグランドから東京帝国ホテルに来た。そして本部のニューグランドに至急電話をかけてくれというと、電話局で三時間かかると答えたので、ひどく驚いた。それもそのはずです。アメリカ進駐軍は毎日、東京からワシントンまでわずか三分間の呼び出しで通話しているそうです。この数千マイルの太平洋を越えて、それからアメリカ大陸を横断したニューヨークやワシントンの連絡が三分以内でかかるのに、目と鼻の先の東京―横浜間の呼び出しが三時間かかると言われたので、アメリカの兵隊は呆れた。我々の体験では、横浜が三時間で呼び出せれば、むしろ早いと思うぐらいですが、アメリカの兵隊の常識では、電話交換手が通話申し込みを受理してから、一度家に帰って昼寝して、それから交換台にかかる以外には三時間という時間のかけようがないと思うらしい。

それでは、よし俺のほうで何とかするからというので、早速電話線の架設にかかって、わずか一時間半後には自分の専用線で「ハロー、ハローを」やり出したのです。専用自動

◆

車に架設線の捲いたのを積んでいって、走りながらどんどんワイヤーを落としていく。それを後の自動車が受けて、とっとと樹か何かに引っかけていくだけらしい。だから、東京―横浜間を自動車で走る時間だけあれば、電話線が架かってしまうのですが、ともかく日本のほうは既設の電話線があって、それを利用するだけに三時間かかる。一方、何もないところを一時間半で電話線を敷設するのだから、だいぶ話が違います。

それからこれは私の体験ですが、先日の風水害のときに、姫路のちょっと手前で汽車が不通になり、自動車もこの先の川のところから通れないと聞かされた。ともかく行けるだけ行こうと思い、その川のところまで行ってみると、なるほど、日本の内務省の所管しているほうはやっと人間の通れるような小さな仮橋が架けてあるきりだから自動車は通れないが、すぐ、かたわらを見ると立派な鉄橋が架けてあるじゃないですか。どうしたのかときいてみると、アメリカの兵隊が架けたというのだが、これは自動車オンリーで徒歩の人は通さない、何となればアメリカ人では歩いている人はないからで、日本人でも自動車は通らせる。それで自分もそこを渡させてもらって汽車の連絡がつきましたが、日本人のこしらえた木の仮橋と、アメリカ人のこしらえた立派な鉄橋、それはアメリカと日本の科学的な能力を見てくれとばかりに並んでいたので、非常に強い感銘を受けた。このような土木建築の能力の差というものは、ラジオロケーターや原子爆弾に比べると、むしろ第二義的なものですが、何にしても科学兵器の差というものが決定的な敗因になっております。

◆

ところで、このような科学兵器の差というものは目に見えるから皆納得するが、目に見えないで、もっと戦局に影響を及ぼしたものはマネージメントの差です。残念ながら我が方は、いわゆるサイエンティフィック〔科学的〕マネージメントというものが、ほとんどゼロに等しかった。例えば日本の鉄の生産量というものは全部有効に使っても、アメリカの五パーセントしかないのに、この五パーセントの鉄量すら有効に使えなかったので、実際は、二パーセントの生産量ぐらいにしか当たらない。

ちょうど、隅田川に橋を架けるのに十本架けなければ交通量がさばけないという場合、日本のやり方は漫然と十本の橋を架けるが、みな資材が足りなくて途中で切れていて、結

◆

局、向こうに渡れる橋は一本もできなかったという状態です。マネージメントがうまくいけば、十本架ける量がないとなれば、では、五本だけ架けよう。あるいは一本だけでもいい、早く架ければ人が通れて、大変重宝する。これはマネージメントの差で、科学力や生産量の差ではありません。

ところが、この経営能力が、また科学兵器の差よりもひどい立ち遅れであって、この代表的なものが日本の官僚のやり方でしょう。日本の官僚の著しい特性は一見非常に忙しく働いているように見えて、実は何一つもしていないことで、チューインガムをかんだり、ポケットに手を入れたりして、いかにも遊んでいるように見えて、実際は非常に仕事の速いアメリカ式と好対照を見せています。

今度、進駐軍が来ていろいろなものの引き渡しをやるのを見ると、日本のほうは引き継ぎ式をやろうというので、証書に目録を付けて、当日はフロックに身を正して、テーブルにはちゃんと白い布を張って、花ぐらい生けて待っている。そうすると何時間経っても進駐軍は来やしない。一同、待ちくたびれた頃に倉庫からアメリカの兵隊が出てきて、もう調べたから日本人は出ていってくれという。打ち合わせて物品を受け取るというような形式的なことはない。挨拶の英語を暗記してきたフロックコートの先生は大いに面食らってしまったという実例を聞いたけれども、このマネージメントの差がこの戦争の遂行上実に大きな影響を与えたことは、むしろ目に見えるサイエンスの差よりも大きい。

例えば軍の動員計画なんかも実に非科学的なもので、その技術者がいなければ工場が一遍に止まるというような重要な者を引っ張っていって、馬を洗わせたり、壕を掘らせたりする。もっとひどいのは工場から熟練工を召集したために、その工場の能率が落ちると応援の兵隊さんを今度は軍から寄越してくることです。工場から応召した熟練工は新兵になって壕掘りをしているのに、壕掘りのうまい古参兵が、ズブの素人になって工場に応援に来る。そうして最近どうも工場の能率が落ちたと騒いでいる。こういう例を挙げれば、数限りありません。これが、日本が敗けた、見えざる大きな原因です。

◆

聞くところによると、アメリカのニュース劇場で東京空襲(4)の映画を上映するとき、日本なら「日本空襲何々隊」とつけるべきところを、そんな題はつけないで「科学無き者の最後」という標題を付しているということです。ああ、科学無き者の最後!!　アメリカは最初から日本のことをそう見ており、まさにその通りの結果になったと言い得ましょう。

かつてアッツ島の山崎大佐の玉砕[5]の時もアメリカの新聞は、アッツの戦いは野蛮に対する文明の戦争の一つの好例であると書いていた。その意味は、「アッツを日本軍は何ケ月間も占領していたが、その間、ウサギの通うような小道しか造らず、電灯線も引かずにローソクで岩窟の生活をしていた。ところが米軍が上陸すると三日ならずして、羊腸《ようちょう》たるウサギの小路はトラックの通るアスファルトの道路に変わった」というのです。これを当時の日本の軍部が、糧食、兵器の後援の続かなかった自分の責任を一向に反省せず、ただ「アッツの玉砕に続け」と叫び、続けば必ず「ワシントン城下の盟《ちか》い」[6]を実現し得るがごとく放送したことに比べると、「科学無き者の最後」と笑われても一言もない次第です。

しかも我々の反省すべきことは、「この科学無き者」の痛罵が、単に科学兵器や経営能力に対して言われるばかりでなく、実に軍をあれほどまで横暴にさした日本の政治の根本的な仕組みにあてはまることで、せめて軍内部だけでも、すなわち陸軍と海軍の間だけでも協力一致して全兵力を科学的に綜合的に運営すれば、まだこれほどの事態にならなかったと思われるのですが、十本の橋を十本とも河に架け切らなかった非科学性が、特に陸海軍の不一致という形で最も露骨に、最も顕著に現れたのは痛嘆の至りというほかはありません。

◆

日本における陸軍国と海軍国

この陸海軍の不一致ということは、科学能力の劣弱性に匹敵すべき戦争の致命的敗因です。作戦部門のことは実は今まで全く帷幄《いあく》のかげに閉ざされて皆目わからなかったが、最近になって、だんだん敗戦の経過なんかを新聞などで発表するようになってきて、国民はいまさらに、そうまで陸海軍の間に相剋があったかということを教えられているようなわけです。

例えばサイパン(1)の戦闘ですが、太平洋戦争におけるサイパンの戦略的価値というものは非常に大きくて、日本の海軍大学で日米戦争の想定をするときに、サイパンを奪《と》られた以後の日米戦争というものは、考えた者はなかったというぐらいです。すなわち、如何なる想定をしても、サイパンというものが日本の手中にあって、その後に日米いかに戦うべきや、と考えるのが常則で、サイパンを奪られて後、如何に日米戦争をするかということは到底考えられないほど、サイパンの価値は大きい。それを、ああ容易に奪られた裏面には、陸海軍の作戦の不一致があった。

さらに沖縄の戦闘にいたっては、我々素人としても心外に堪えないのは、海軍がもう沖縄が本当に最後の防衛線である、沖縄決戦のためには根こそぎの兵力を出すというのに、陸軍がそれに相当する力を沖縄に注いだかということはすこぶる疑問で、沖縄決戦の直前に精鋭の金沢師団を台湾に移したという事実すらある。恐らく陸軍は陸軍の立場から最後まで本土決戦ということを考えておったというのが事実でしょう。

ところが、我々素人考えから言うと、海軍がいわゆる世界戦史にもない悲壮な戦艦の殴り込み(2)というようなことをして沖縄防衛に最後の一艦まで投じてしまった後で、陸軍だけで決戦ができるということは考えられない。決戦ということは、その言葉の中に、これから戦争を決するという意味があるので、単に戦争が続くことは決戦とはいえない。例えば、日清戦争で台湾を取っても生蕃《せいばん》(3)は山の中で三十年近く蠢動《しゅんどう》しておったのだが、あれが日

◆

清戦争の続きとは言えない。いわゆる、残敵掃討の範囲を出ない。決戦は沖縄がまさに最後であったのですが、それを「本土決戦」というような言葉を使って、まだアメリカが勝つか、日本が勝つか、わからないというような報道の取り扱いをしたことは、如何に日本の軍部に深遠の計画があったのか、我々素人にはさっぱり解せない。むしろ我々素人が考えることは、もっと沖縄に陸軍の精鋭を置いて陸海協力一致して、ただの一度でもいいからアメリカを水際に叩き込むという大戦果を挙げたならば、今度の戦争の顚末《てんまつ》に、あるいは多少の変化が起きておったのではないかということです。

ソ連は強ければ親友、弱ければ仇敵《きゅうてき》となる現実主義の国ですから、沖縄を頑として守り抜けば、それは単にアメリカの局部的な一兵力を破ったということでなくて、外交的にも大きな転換が来たのではないかとも考えられる。これなどは陸海軍の不一致が生んだ最も不幸な実例であって、台湾に移った金沢師団の精鋭は、一発の弾も撃たないで終戦となってしまったのです。

また、支那その他の占領地区の防備にしましても、ここは陸軍地区、あそこは海軍地区

◆

というような、まるで各国の連合軍が領土を取ったような観念です。ちょうど、アメリカとソ連が朝鮮を北緯三十八度で分けて、京城〔ソウル〕はアメリカで、平壌〔ピョンヤン〕はソ連で統治するというようなやり方をしている。どう見たって、一国の陸海軍の一致した兵力運用の仕方ではない。これは元々、日本のなかに陸軍という国、海軍という国があったと、言い得るでしょう。

戦争が進むに従って、この陸海軍の対立がひどくなり、整備の点から言っても、陸軍が次第次第に海軍の領域に侵入してきて、陸軍は自分だけで船舶兵というような水兵をつくり、駆逐艦もつくり、潜航艇もつくった。進んで航空母艦も戦闘艦もつくらなければならないと言い出した。これでは何のために一国のうちに、海軍というものがあるのか、わからなくなる。もちろん陸軍専用の造船所もつくる。例えば、函館船渠〔現 函館どっく〕という会社だけでも陸軍専属の造船所にしようとしたので、海軍は驚いて抗議を持ち出して、結局、函館船渠は陸海軍共管ということに納まったけれども、海軍がこれに対抗して同じ陸戦隊の名の下に大砲や戦車を持つようになったならば、全く一つの国のことではなくなります。つまり日本の軍部というものは陸軍国、海軍国という連合国以上の何物でもなかったというのが実情でしょう。

◆

以上の作戦方面における陸海の相剋は戦争の最中はいわゆる、厳秘に付せられて、国民にあまりよくわからないけれども、軍需資材の方面になってくると、これは非常にはっきりしたもので、工場関係の者は誰でも一つや二つの材料は持っていないものはないというぐらいです。例えば大日本兵器という会社の青砥の工場に行ってみると、同じ工場に門が二つ並んでいる。工場の当局者に聞いてみると、一つは陸軍の軍人さんのお通りになる門、一つは海軍の軍人さんがお通りになる門だということです。「ひどい肺病患者や伝染病患者が通るのでも門は一つでいいのに」と言うと、「どうしても軍人さんたちがそういう御註文をなさるから、二つ門をつくった」と答えた。

門を別にするぐらいですから工場は無論、別にする。別にするばかりでなく、その間に高い塀をつくって、陸軍の工場から海軍の工場のほうには一人の工員も融通しない。同じ

◆

会社の中で互いに往復はできないし、たとえ片っ方の工場が非常な手空きになって工員が仮に遊んでおっても、片っ方の忙しいほうの工場に援助に行くなんていうことはもってのほかのことである。仮にちっとでも手伝いをすると、あたかもスパイ行為、利敵行為、敵国の工場の手助けでもしたというようなことに見られて、憲兵にひどい目に会う。これは本当のことです。陸海軍の仕事を一緒にやっている、どの工場にも見受けられた風景です。

それから資材でも、一方の陸軍の工場のいま急に要らない資材を海軍の工場のほうに廻してやれば、すぐその日飛び立つ飛行機ができるというような事情があっても、陸軍は断じてこれを割愛しない。反対に、海軍で全く要らない資材で、陸軍では咽喉《のど》から手の出るような物でも決して渡さない。そうして、お互いに資材難に悩んでいる。ちょうど一足の靴を取りっこして、一人は右だけ、一人は左だけ取って、しまい込んでいたため、両方とも裸足で歩いて怪我をしたというような馬鹿気たことが随時随所に起こっています。

これは、ある近畿地方に起こった例ですが、今年〔昭和二十年〕度になってから松根油《しょうこんゆ》の採取ということが非常にやかましく言われ、国民はこれさえあれば飛行機が飛べるとい

◆

うので、寝食を忘れて一生懸命になって松の根を掘ったが、これにもやはり陸軍地区と海軍地区があって、陸軍地区で掘った所は陸軍だけが使う、海軍地区になっている所の松の根は、挙げて海軍が使うという協定になっておったのに、近畿地方の海軍地区のある村が非常に勉強をして、相当にまとまった材料を溜めているところへ例の陸軍の船舶兵の暁部隊がやってきて、その松根をトラックで持ち去ってしまった。海軍はこれを見て、非常に怒って、今度来たらうんと取っちめてやろうと待ちかまえていると、また、暁《あかつき》部隊が掠奪に現われたものだから、「それっ」というので、衆人環視の中で陸軍と海軍が上を下への大乱闘をやった。村民は全くあきれて涙を流して悲しんだ。そこの知事もこれを聞いて、「陸軍海軍が帷幄《いあく》の後で噛み合うのは仕方がないが、どうか白昼国民の前で噛み合うことは止めてくれ」と、陸海軍両方に申し込んだという事実があります。

また、瀬戸内海のある地区では、敵の爆撃が激しくなったので、岬の海岸を掘り抜いてそこの舟艇を隠すことにしたのです。ある岬を陸軍と海軍が互いに気がつかなくて、各反対側から掘り始めて、途中でそのことがわかり、そうして、こともあろうに役場に両方か

◆

ら出向いて、町長にその境界争いの仲裁をしてくれということを持ち込んだ。役場の者は驚いて、陸海軍の争いを役場で調停することはできないから、相談づくでやったら、よろしかろうと言ったが、いや俺たちではできないというので、町長さんは困ってしまった。結局、陸海軍各々反対の側から掘り進んでいるのだから、そのままずんずんと掘っていって、ぶつかったときに改めて相談したら、よろしいじゃありませんか、というので、切りがついたという醜態もあった。

戦争資材に関する最も目立った縄張り争いは、鉄の争いだったが、結局、日鉄(4)は海軍が古くからの関係で押えた形になっているから、陸軍は日本鋼管に主力を注いで、いつの間にか鋼管は陸軍の製鉄工場、日鉄は海軍の製鉄工場というような形になっていた。こういう暗闘がそうでなくても少ない日本の鉄資材を如何に非能率的にしたか、わからない。単に鉄材に限らず、どんな材料でも陸海先陣争いで押さえてしまう。自分が要るから押さえるのではない。黙っていると相手が使うであろうと、要っても要らなくても押さえてしまう。だから、本当に要るところでは間に合わない。錫《すず》、銅、アルミ、ニッケル、その他薬品であろうが、食糧であろうが、葉っぱであろうが、皆そうです。

笑い話みたいな話は空襲のときに爆弾で牛や馬が死ぬ。普通の市民はこれを食おうと思っても、何とか取締り規則というのがあって、自由にすることはできないが、陸軍と海軍の兵隊はちょうど花火が落ちたときに、そのからを子どもが取りに行くような格好で、あそこで牛が一頭焼死しているというと、「それっ」と言って、陸軍と海軍とが駆けっこで取りに行く。トラックが間に合わないときには、実際に駈け足で行きます。そうして、片っ方は牛を五頭も六頭も押さえて、食い切れないで牛肉の臭いをぷんぷんさせているのに、片っ方ではたまたま駈けつけるのが遅かったために、鼻をぴくつかせながら、うらやましそうに、これを眺めておる。これは、ごく卑近な例ですが、一斑《いっぱん》をもって全豹を察するに足り、陸海軍全体としての運営なんていうことは夢想だにできなかった。これが今度の戦争の敗因のうちで、科学兵器の立ち遅れと相並んで致命的なものでしょう。

また、小さい例は同じ用途のネジをつくるにしても、陸軍が右ネジにすれば、海軍は左ネジにするというようなことをする。すなわち、どんな部分品でも、陸軍の物は海軍では

◆

使えない。海軍の物は陸軍では使えないようになっていた。軍需省はこれら陸海軍の生産競争を調停するためにできたもので、せめて資材の方面だけでも統一されるという希望がかけられていたが、この最小限度の希望すら戦争の最後まで達成されなかった。だから、わずかに残っている民需の方面にのみ口をきいたので、名前は軍需省だけれども、やっていることは民需省であった。肝腎の陸海軍は軍需省をさし置いて相変わらず別々に発註し、軍需省は単にこの陸海軍の発注の跡始末をつけていたに過ぎない。綜合立案計画というものは何一つとしてできなかった。およそ軍需省ぐらい設立の理想と実際の運営とが違った役所はないでしょう。

しからば、陸海軍当局者はこの競争相剋の弊害を知らなかったかというと、もちろん大知りです。第三者よりも身にこたえて知っている。それはそうでしょう。お互いに陸軍御用、海軍御用の写真屋を抱えていながら、一方は、印画紙は豊富だが、現像薬がなくて困っている。一方は、現像薬はありあまるが、印画紙が足りなくて写真が撮せないという現象が毎日起こっているのですから、これは何とかしなければならないと、陸軍、海軍の個人個人は大知りなのですが、知っていて直せなかったのが、すなわち亡国の兆しだった。あれよ、あれよという間に激流に押し流され、お互いにわかっていながら滝壺に落ちこんだというのが今日の実情であります。

◆

こんな風にして、日本は敗けたのです。この全体を覆う色彩は、自国中心の思い上がりと、生産と組織に対する非科学性です。満洲事変直後に、トロツキー(5)が「噴火山上の日本」という一文を草して「日清戦争は日本が支那に勝ったのではない。腐敗せる清朝に勝ったに過ぎない。日露戦争は日本がロシアに勝ったのではない。腐敗せるロマノフ朝(6)に勝ったに過ぎない。要するに、これは一つの後進国が、さらに一層遅れたる後進国に対する勝利に過ぎない」という意味のことを主張していますが、トロツキーを今日あらしめたならば、「今度の戦争に敗けたのは腐敗せる日本軍部に過ぎない」と主張してくれるかどうかであります。トロツキーは、この論文に続けて「日本は日清日露の成功に思い上がり、東洋制覇の事業に手を出し始めたが、これは早晩、アメリカかソビエトロシアに対する衝突を招くだろう。日本の生産と科学は果たしてこの大戦争に用意ができているかどうか。日本国民の神秘主義と精神論は、この大戦争によって冷酷にテストされるに違いない」と予断を下していますが、十年後の今日になってみると、全く彼の先見の明に一言もない次第です。

ところで、何故、こうまで軍部の独裁を許したかということになると、一面は、明治維新以来の日本の政治性格の半封建性によるのでありますが、他面、たしかに、前述したように重臣、議会、財界、文化各方面の人たちの無気力によるところが多いことを認めざるを得ません。しかし、私は議会人の一員として弁護するわけではないのですが、「過ちを見てその仁を知る」という意味で、この無気力はこれらの人たちの、あるいは日本国民の善良なる一面を現わしているとも見られるのです。すなわち、日本人はたとえ一部の意図に引きずられたにせよ、日本という国家の動きとして内からも外からも見なければならないような動向をとるに至った暁には、たとえその動向が己の信念と相反するような場合でも、国家への奉仕のために大なり小なり、おのれ自身を捧げなければならないという三千年来の伝統を持っているので、この民族的な統一心理が今度は不幸にして、軍閥官僚によって脱線せしめられた「歴史」の後押しをするに至り、かえって有史以来の大失敗を招くに至ったと見られる部分があると思います。

すなわち、満洲事変、支那事変、これに続く大東亜戦争に対しては内心反対であった分子も決して少なくない。しかし、もう戦争となってしまった以上は、いまさら自分の力ではどうともならない、せめて国策の命ずる通り動くのが御奉公だという考え方で、働いていた部分も少なくないと見られるのです。

不幸にして、今度の戦争では、この民族的な統一心理のために、かえって失敗を致命的ならしめた。しかし、私は、日本再建のエネルギーを、やはり、この民族的な統一心理に見出そうとするものです。その代わり、今後の国家の進路というものは、あくまで合理的に計画的に道徳的に設計され、全国民の意志で決定されるような仕組みにしなければならない。もしも、そういう風に国家の動向がプラスの方向に定められれば、東条軍閥の独裁下にあっても、あの程度まで発揮した民族的な統一心理が今度は一〇〇パーセントに働いて、その国家目的が貫かれることは、ほぼ確実といえると思います。

その意味で、政治の仕組みということが、今後の日本の運命を決するので、帝国主義的な古い夢を追って、ドイツの二の舞を演ずるような独裁的権力を二度と再びこの日本に君臨せしむるようなことがあってはならない。しからば、日本の現状はどうなっているか、これから先の日本の政治経済は、具体的にどう新生していかねばならないのか、という問題に移っていこうと思います。

◆

ポツダム宣言の政治性を読む

さて、以上申し述べたような経緯によって戦争は勃発し、そうして敗けたのですが、その結果、日本の現状はどうなっているかというと、我々がいまさらのごとく痛感するのは、日本には資本というものがほとんど全部喪失または半身不随麻痺状態になっていることです。ちょうど、ロビンソン・クルーソー(1)が島に打ち上げられたと同じようなもので、戦争するときには無我夢中で戦っていたのですが、いよいよ、ほっと気がついてみると、まったく空手になった自分を発見した。有るものはただ土地と人間だけという感じであります。

元来、日本に近代的な意味における資本が出来始めたのは、明治以後です。徳川幕府の封建経済においては当時の日本国民が生きるために必要なものをかろうじて生産するに止まり、資本の蓄積はほとんどなかったといっても差し支えない。極端に言えば、徳川家康

◆

の江戸入城のときと、徳川慶喜(2)の大政奉還のときと較べてみて、日本の資産にはほとんど増減がない。この三百年の長い期間は人口を調節して、かろうじて食糧との辻褄を合わせてきたと言い得るでしょう。

それが明治維新以後、多少ずつ資産の蓄積が出来始めたのですが、この蓄積が目立つようになったのは第一次欧州大戦後ですから、極めてわずかの期間にとどまり、これを世界の富を数百年間イングランドの一角に集中し得た英国の力や、または、あらゆる物資に充ち足りているアメリカやロシアに比べれば、まさに九牛の一毛といえるでしょう。

だが、とにかく第一次欧州大戦以後、多少の蓄積を持ち得たが、昭和十七、十八年の両年に使った莫大な戦争消費は、その年の生産の数倍にのぼったために、その不足は当然、過去の蓄積を崩して補わなければならなくなり、さらに、昭和十九年に至ると、ほとんど過去の蓄積を全部喰い潰してしまったのであります。すなわち、昭和十七、十八、十九の三年間に、明治維新以来の資本蓄積をほとんど使い切ってしまったというのが、偽らざる我が経済の実状であります。日本の各種の生産統計を見ますと、だいたい、昭和十八年頃

◆

が最高で、十九年に入ると落潮となり、二十年の春から夏にかけては本当に重箱の隅を楊子で突つくようなことをして、戦争遂行の辻褄を合わせておったわけです。

したがって、この戦争を終戦に導いた直接の動機は原子爆弾とソ連の参戦(3)ですが、これを資材の面から見ると、あのときにはもう柱のなかに食いこんだ白蟻の被害で、ただ柱の外形を残すのみの状態になっていたので、これほどの暴風雨を待つまでもなく、倒壊する運命にあったといえるのです。ことに今年〔昭和二十年〕春から行われた中小都市の爆撃は、わずかに残っていた中小都市の各種生産設備と、いわゆる退蔵物資と称せられる各種原料の大部分を焼き払ってしまったので、いよいよ八月十五日終戦となったときは、日本は全くさっき申したロビンソン・クルーソーのごとく、丸裸で離れ小島に打ち上げられた難破船の水夫のような姿になっていたのです。

こういう状態のもとにあって、七千数百万の日本国民は如何にして生きていけるかということが、我々に課せられた問題であります。まず日本本土の農産物が養い得る人口の限度は、すでに徳川時代に飽和状態に達していて、それ以上、如何に働いてみても、その数量は知れたものです。もちろん、明治以後、耕作方法の進歩や耕地の拡張など、種々努力の結果、徳川時代の人口を千万や二千万増加せしむることは容易な業ですが、それにしても七千数百万の人口を養っていくことは、到底不可能であります。

しかも耕作方法の進歩は主として肥料の改良によるものですが、そのうち硫安肥料は何とかして自給自足し得るとしても、カリや燐酸は全部輸入に仰がねばならない。比較的内地生産ができると思われる肥料にして、なおかつその通りであり、農機具に至っては、その原料関係において結局、外国に依存せざるを得ない部門があり、全然、外国の援助を待たない日本農業の自立ということは考えられない状態です。

そこで、こんな状態に対する応急対策として最も原始的に考えられる方法は、日本の余剰労力を生のままで輸出する。そうして、海外で働いて送ってくる収益で日本の国に残っている人間を食わしていくという手でしょう。ちょうど子供の多い百姓が、自分の土地で養い得ない子供をあるいは女工に出したり、商店の小僧に送ったりして家計の辻褄を合わせたように、日本の土地で養い得ない人口を外国で働かし得る方法があれば、問題は一番簡単に解決されるのですが、現在の国際事情下で、このことを考えることは天に登るほど難しい。

そこで結局、生糸その他各種の雑貨などの製品を輸出して、この代償として食糧を輸入するという方法以外に生きる道はないということに帰着するのです。すなわち、このあり余る労力をどういう形で商品化して、外国に輸出するかという具体的な方策が、今後の政治経済問題のすべての鍵として考えられなければならない。

◆

そうなると問題の成否は、一つにかかって連合国の好意の有無ということになる。すなわち、国際貿易を許してくれるか、許すとしても、どの程度に許すかの問題になるので、日本人だけの努力ではどうにもならない性質のものだということがわかります。

従って、この際、諸外国が日本に対して如何なる態度をとるであろうかということを、この際我々は真剣に考えてみなければならない。しかして、この外国の態度を測定する上で最大かつ唯一の手がかりとなるべきものは、本年〔昭和二十年〕七月二十六日にできましたポツダム宣言(4)でなければならない。今日、連合国はすべて、このポツダム宣言を目標として行動しているのですから、日本生死の鍵はすべてこの宜言書のなかにしまってあると言っても差し支えないわけであります。その意味で日本国民は、何人もポツダム宣言を深く味読すべきであると信じます。

◆

ところで、このポツダム宣言は本年七月二十六日、ドイツの首都ベルリンの南郊ポツダムにある有名なフリードリヒ大王(5)の離宮、無憂宮（サンスーシー）に、連合国の最高首脳部が集まって、日本に対し戦争終戦の機会を与えるために連合国側の真意を表明したもので全文は十三条から成り立っています。そのうち、国民生活に最も影響のある条文は、戦後処理方針を定めた第九条と政治原則を規定した第十条、経済原則を示した第十一条の三カ条です。

まず第九条から取り上げてみると「日本国軍隊は完全に武装を解除せられたる後、各自の家庭に復帰し、平和的かつ生産的の生活を営むの機会を得しめらるべし」と、こう規定してある。これは終戦後の軍事処理の基準を示した条項ですが、この点はドイツに対する取り扱い方と根本的に違っているところであって、ドイツでは銃砲を取り上げられ、サーベルを取り上げられ、いわゆる、丸腰になった後も、集団労務を課せられ、戦争が済んでも兵士は懐しい故郷、暖かい家庭に帰ることを許されない。ある者はシベリアの寒地に連れて行かれて農耕を強制され、ある者はウラルの地下数千尺の鉱山に這入《はい》って石炭掘りを命ぜられ、ある者はソ連の工場に送られて、終日営々として旋盤にくっついていなければならないのです。しかも、いつまで働いたら帰還を許されるのやら見当がつかないというのが今日の状態であります。

ところが、日本では終戦とともに兵士は全く自由の身となり、愛する妻や、可愛い子供の待っている家庭に、まるで、サンタクロースのおじいさんみたいにいわゆる、一万円包と称される、大きな御土産包を背中にくっつけて帰っていき、和気藹々《あいあい》たる和やかな空気に包まれながら、自分の好きな「平和的かつ生産的の仕事」をすることが許されているのです。ドイツから見ると、雲泥の差です。この点は連合国側が、日本に対する非常な特恵だといっている条項であります。

◆

次に第十条は「我等は日本人を民族として奴隷化せんとし、または国民として滅亡せしめんとするの意図を有するものにあらざるも、我等の俘虜〔捕虜〕を虐待せる者を含む一切の戦争犯罪人(6)に対しては厳重なる処罰を加えらるべし。日本国政府は日本国。国民の間における民主主義的傾向の復活強化に対する一切の障礙《しょうがい》を除去すべし、言論、宗教および思想の自由並びに基本的人権の尊重は確立せらるべし」と規定しています。

この条項は第一に連合国は日本を地球上から抹殺するというがごとき冷酷なる仕打ちをするものでないという人道的基本方針を示し、次に、本来の日本国民性が民主主義的傾向を有することを肯定して、この「民主主義的傾向の復活強化」を約束しています。すなわち、日本民族をもって、済度《さいど》すべからざる好戦国民なりとする俗説を破り、日本国民本来の面目は、伊勢大神宮の神鏡をもって表象せらるる、いわゆる和魂《にぎみたま》であり、熱田神宮の宝剣をもって表象せらるる荒魂《あらみたま》は第二次的なものであることを認めている。ただ、近来この荒魂のみが表面に現われて活躍し、和魂の光りを蔽い隠しておりましたので、これを取り払ってしまわなければならない。この仕事は、日本人の自力ではできないから、連合国が外部から加勢して、これを完成させようという連合国の民主主義的理想をこの第十条で約束していると見るべきでしょう。

そうして特に、この荒魂のなかで最も悪質な部分は、いわゆる戦争犯罪人として徹底的に芟除《さんじょ》し、将来、日本をして再びこの過誤を操り返さないように外科的手術をしなければならないと主張しているわけです。

ところで、この戦争犯罪人の範囲については、英、米、ソ連、支那の間に主張の差がある。ソ連の要求が最も広範囲にわたるものと予測されるのですが、米英側は戦時国際法規、とくに俘虜の取り扱い方の規定違反者と開戦手続き違反者に対して法律上の責任を最も厳重に追及するものと思われます。その中でアメリカが最も重点を置いているのがいわゆる、不法開戦です。真珠湾攻撃[7]が米国人に与えた影響は日本人の想像以上に深刻であって逆説的にいえば、ルーズベルトがいかに努力してもまとめ得なかった米国の世論を日本人がまとめてやったようなお結果になったぐらいです。すなわち、それまでアメリカ内部にはいわゆる孤立外交を強硬に主張する有力なる一派があって、戦争には絶対に反対していたのですが、これらの人々の如何なる名論も、「真珠湾を忘れるな」の一言に遇っては、ひとたまりもなくつぶれてしまったのです。真珠湾の一撃は、それほどアメリカ人を興奮せしめた。アメリカ側から申せば、日本人は外交交渉の継続中に全く騙《だま》し討ちをしたものだと確信していますから、これに対する責任は徹底的に糾弾しなければ承知しないのです。

また、終戦後、米国に帰還した俘虜がその見聞した事実を詳細に報告して、日本軍人の惨忍な行為をアメリカ大衆に訴えたので、世論の国のアメリカとして最近とくにこの俘虜虐待問題がやかましくなってきたのです。

ところが、ソ連側は、戦争犯罪をかかる国際公法違反という法律的問題に限らないで、日本をして軍国主義化せしめた政治的責任をも追及しようと主張するのですから、非常に広い範囲に引っかかってくる。この戦争犯罪人の解釈如何《いかん》は、将来、ソ連側と米英側との間に残された一つの問題になると見られます。

◆

◆

次に第十一条は「日本国は、その経済を支持し、かつ公正なる実物賠償の取り立てを可能ならしむるがごとき産業を維持することを許さるべし。ただし日本国をして戦争のため再軍備をなすことを得しむるがごとき産業はこの限りにあらず。右目的のため原料の入手（その支配とはこれを区別す）を許さるべし。日本国は、将来世界貿易関係への参加を許さるべし」と規定しております。

すなわち、この一条が終戦後の日本経済運営の基本法です。この条文をどう運営していくかということが、日本国民が生存できるか、できないかということの分かれ道になるので、日本国民にとって現実的に最も大切な条文であると思います。

この規定によりますと、連合国は日本の産業に対して積極的と消極的と二つの目標を示しております。その積極的目標はさらに二つに分かれて、一つは日本の経済を維持するための産業とし、他は賠償を支払うための産業としております。換言すれば、日本人は最少限度の生活をするために必要な生活物資を製造する仕事と、公正なる賠償に充当する品物をつくる仕事のみに従事することを許されているのですが、私はこの条文をその体裁の上から見て、日本の経済を維持する産業を第一次に置き、賠償のための産業を「かつ」として第二次に並べてある、この「かつ」に重要なる意義を持たせたいと思います。

一方、消極的な目標として再軍備に役立つ産業は一切禁止することを規定している。これは一見、当然のことのようですが、具体的に、しからば、如何なる産業がこれに這入るかということを決定するには、いろいろ問題が生じるでしょう。

さらに、この条文において原料入手と世界貿易の問題にふれております。これは連合国側も、日本がその産業を維持するためには、どうしても外国の力を借りなければならない状態にあることを肯定していることを意味するもので、非常に行き届いた条文であるといわなければならないと思います。

◆

右のような次第で、ポツダム宣言は第九条において我が国に対する戦後処理原則、第十条において政治原則、第十一条において経済原則を規定しているので、この条文を一つ一つよく読んでみると、必ずしも、この宣言が初めて世界に放送されたときに日本の新聞がいっせいに罵倒したような悪意に満ちた降伏条件でないことがわかります。第一、連合国側は、この宣言において日本を「降伏」せしむるという用語を使っていないのです。ポツダム宣言の冒頭には「我等の数億の国民を代表し協議の上、日本国に対し今次の戦争を終結する機会を与うることに意見一致せり」と、こう書いてある。「降伏する機会を与うる」という表現を使っていない。また、ポツダム宣言の第五条において、「我等の条件は左のごとし」として条件なる言葉を使っていて、これまた「無条件降伏」にあらざることを、反面に現しています。

この点はドイツに対する場合とはかなり相違している。ドイツの場合は、クリミヤ宣言(8)において「ドイツに対し課すべき無条件降伏条項はドイツ国の最後的敗北が達成せらるるまでは発表せられざるべし」と言って、あらかじめ条件が提示されなかったのに較べると、日本の場合はポツダム宣言という条件つきで和平勧告を受けたものと、こう解釈して差し支えないのです。

◆

もっとも前述の第五条は「我等は右条件より離脱することなかるべし。右に代わる条件、存在せず」と述べて、交渉和平の余地を封じ去っているので、この点では無条件降伏方式とも見られるのですが、我々は、連合国側が、とくに無条件降伏という言葉を避けた点に政治的な含みを汲《く》みとるべきです。ポツダム宣言中、無条件降伏という言葉を使ったのは、第十三条の「我等は日本国政府がただちに全日本国軍隊の無条件降伏を宣言」すべきことを要求しているところだけであって、この点は連合国側が日本政府および国民と日本軍部とを対立的に区別して取り扱っている日本観を示すもので、ポツダム宣言の全文を通ずる特徴というべきものです。

例えば、降伏文書の調印にあたっても、国際慣習上の異例の措置をもって「天皇陛下および日本国政府代表と日本帝国大本営代表」とが二本立てで署名すべきことを通告したのも、この考え方の一つの現れであり、また第四条においては「無分別なる打算により日本帝国を滅亡の淵に陥れたる我儘《わがまま》なる軍国主義的助言者により日本国が引き続き統御せらるべきか」または「理性の経路を履《ふ》んで」日本を存続せしむべきかを、日本国民がまさに決定しなければならないことを要求しているのも、この考え方の一つです。

さらに、第六条において「日本国国民を欺瞞《ぎまん》し、これをして世界征服の挙に出づるの過誤を犯さしめたる者の権力および勢力は永久に除去せられざるべからず」と明確に戦争責任の所在を指摘しています。この一方、前述したように、第九条、第十条、第十一条において国民生活再建の基礎が民主主義の上に置かれるべきことを主張しているのですから、抽象論としては、ポツダム宣言というものはだいたい、日本のためにむしろ暖かい雰囲気を含んでいるようにも感じられるわけです。

◆

米英中ソ、四カ国の行方を見る

しかし、ポツダム宣言は各条とも抽象的に原則を示しているにとどまり、具体的問題の処理については何も決めていないから、実際の運営にあたってはどうなることやら見当のつかない点が非常に多い。しかし、このポツダム宣言の具体的運用ということは米国、英国、支那〔中国〕の三国の他に、後からこの宣言に参加したソ連の出方いかんによって決まるわけです。それ故に、この四国が日本に対してどんな感じを持っているかが、この問題解決の上に非常に大きな影響を与えることになってきます。

もちろん、これは相手方の気持ちを想像することだから本当のことがわかるはずはないのですが、ちょうど碁の定石のようなもので自分の打った石に対する相手の応手はだいたい見当のつくもので、そんなに奇想天外的な裁き方があるわけのものでない。そういう意味で日本に対して連合国側の打つ手はほぼ予測し得るともいえましょう。

◆

そこでまず、以上の四国の中で日本に対して最も重大なる発言権を持っているアメリカの対日感情はどうかということですが、この問題を考えるには、まず判断の頭を今から四十五年前にふりかえす必要があると思います。四十五年前というと日露戦争前の世界状勢です。当時、帝政ロシアはシベリア東漸《とうぜん》の余勢を馳って満洲に進み、朝鮮半島に入り、龍岩浦に相当の根拠地をつくって、太平洋を窺い出したのです。一方、アメリカの急速な産業の発達はその製品の販路としての東亜市場の確保を必要としますから、このアメリカの門戸開放主義と帝政ロシアの東亜進出主義とは相容れない必然的形勢を馴致《じゅんち》しつつあったのですが、それではこの両勢力の中間に介在した日本の立場はどうかといいますと、これはロシアの火がすでに隣家の朝鮮にまで燃え移っているのですから、これを袖手傍観《しゅうしゅぼうかん》してはいられない。これが、いまから四十五年前の東亜の情勢であります。

しかし、当時の帝政ロシアは世界最強の陸軍を謳われた大帝国であり、これを向こうに廻して小日本が戦を挑むということは暴虎馮河《ぼうこひょうか》(1)以上の無謀なことと自他ともに判断していたので、我が政府当局は容易に戦争の決意をなし得ず、伊藤〔博文〕公のごときはいわゆる朝鮮二分案という妥協案まで作成して、日本は京城〔ソウル〕以南を勢力範囲とする代わりに、露国には平壌〔ピョンヤン〕以北を与えて協定しようとしたのですが、結局、大勇猛心を振って戦火を開くに至った裏面には、アメリカの門戸開放主義が日本の東洋平和の国策のための有力な後楯になってくれるという心強さがあったからだともいえましょう。また実際、日露戦争継続中は、アメリカは英国とともに陰に陽に日本のために最大限の好意を示し、最後にポーツマス条約(2)の締結まで斡旋して、日本をして有終の美をなさしめたことは世界周知の事実です。

ところが日露戦役後、日本の勢力は急速に強大となり、帝政ロシアに代わって東亜各市場を独占する傾向を示し、アメリカの門戸開放政策に暗い影を投ずるに及んで、米国の親日感情は急速に冷却しました。そして、ついに満洲事変が勃発するに至って、覆水盆に返らず、大東亜戦争という最悪の結果まで発展していったのです。しかし終戦後の今日、すべての軍国的桎梏《しっこく》から解放せられて、日本国民が自由に冷静に世界の大勢を達観するときに、再びこのアメリカを向こうに廻して戦争を繰りかえすがごとき愚を考えるものは恐らく日本国中誰一人もないと言い得ましょう。そうしてみると、この日本国民の真実の親米感情は必ずや清水が砂を通してしみ出るように、米国人に反映するに相違ありません。

一方、四十五年後の今日の東亜の実状はどうかというと、奇しくも伊藤公案の朝鮮二分統治が、アメリカとソ連によって実行されている現状です。もちろん侵略主義の帝政ロシアと、勤労者デモクラシーのソビエトロシアとは素朴的な類推を許しませんが、ともかくこのソ連の発展力は帝政ロシアに数倍し、例えば四十五年前のロシアはピーター大帝(3)以来の国是たる凍らざる港を求めて地中海に出ようとする運動がドイツの鉄の鎖でガッチリ食いとめられて、やむを得ず東方に国力の捌《は》け口を求めてきたに過ぎませんが、今日のロシアは、前述のごとく東亜に発展するとともに、欧州方面においても宿願のダーダネル、ボスポラス(4)はおろか、欧州の中原のドイツがちょうど朝鮮のようなところに置かれ、ソ連の呼吸がドーバー海峡を越えて、イギリスの頭の上に感ずるような勢力分野を示しています。

◆

◆

そうしてみると、ロシアと米英とは四十五年前に較べて欧亜両方面において、はるかに切実な接触関係に進んでいるというべきでしょう。

もちろん、トルーマン[5]大統領の十二原則に示された平和維持のために連合国と如何なる場合も全面的に協力せんとするアメリカの決意を知る我々は、米英とソ連の相剋というような暗い予測図に将来の運命を賭けるもので断じてなく、むしろ我々は連合国の間隙を衝《つ》こうとして、かえって自らの不幸を深刻ならしめたドイツの例を知り抜いています。帝国主義的な考え方に終わりを与えしめよ。これが今度の大戦争の教訓であり、今日においてなお帝国主義的な考え方において日本の再建を夢想する者は、この戦争の教訓を忘れたものといい得ましょう。

しかし、たとえ戦敗れたりといえども、東洋の平和を希求するのは、日本国民の変わらざる願いでありますから、この点は恐らく、四十五年前と同じく、アメリカの理想と一致すると思いますので、私はいろいろな意味においてアメリカは「日本が宣言に忠実なる限り、何とかして立ち行くようにしてやろう」というポツダム宣言の趣意を履行してくれるものと確信しております。

◆

次は英国です。この国の態度は最も予測しやすい。私どもは子供のとき、日英両国の旗を振りながら、日英同盟(6)万歳、万歳といって街を飛び回った記憶がまざまざと残っていますが、当時の日本人は英国に対して本当に親類のような親しみを持っていたのです。だから第一次世界大戦後、永年の日英同盟の解消を余儀なくされたときには、日本人はいっせいに一種の物淋《ものさみ》しい感に打たれましたし、英国側にも思い切れない未練が多分に残っていたと想像されます。いわば飽きも飽かれもしない夫婦が義理にからまれて夫婦別れをしたようなものですから、その後も、ともすると焼けぼっくいに火がつこうとしたのです。

その焼けぼっくいの一番著しい例は、ビルマルート(7)の封鎖が挙げられるでしょう。支那事変勃発以来、英国は幾度か〔日中〕両者の間に立って調停の労をとろうとし、そのためには、ビルマルート閉鎖というような強圧手段すらとってくれたのです。当時の日本の朝野は、この英国の誠意ある調停を、むしろ冷笑的に取り扱っていたのですが、蒋介石から

◆

いえば大変なことであった。すなわち、海岸はみな日本軍にとられてしまって陸上唯一の輸血路であるビルマルートを閉ざしたのだから、重慶〔蒋介石政権〕側がこれは公正なる仲裁人の態度でないと憤慨するのは当然です。そういう猛烈な抗議が出たにもかかわらず、イギリスは敢然としてビルマルートを押さえ、日支〔日中〕の和解を慫慂《しょうよう》したのですが、思い上がった日本の軍部は、ドイツの策動に乗ぜられて、このイギリス妥協案を退けたから、日本は今日のような不幸な結果になった。

過ぎ去った繰り言ですが、もしも、あのときにイギリスの差しのべた手を握っていたならば、日本は今日、どのぐらい栄えた国になったかわからない。恐らく日本の立場は第一次世界大戦のときと同じような幸運の国となり得たでしょう。しかも日独伊三国同盟を脱退すべき理由は、ドイツはロシアと戦争せぬといっておきながら、日本に一言の諒解もなく対ソ侵入を開始したことによって充分立ち得たのです。なるほど、イギリスは日本に対し支那からの撤兵を求めた。我が国の戦争指導者たちが国辱を口にして、イギリスの妥協案を蹴ったのは主としてこのためですが、しかし何故に支那から撤兵することによって泥沼に足を踏み入れたごとき支那事変に終結を与えてはならなかったのか、もし当時、日本が支那から撤兵していたとすれば、日本は果たしてその独立を傷つけ、生存の道を失っていたでしょうか。

米英ソ独のごとき世界の大国が国を挙げて生きるか死ぬかの大戦争に押しこまれているときに日本が支那と和平し、一切の産業能力を挙げて外国貿易に従事していたならば、今日の日本はそれこそ昇る朝日のような国運になって、本当に「御民我れ生けるしるしあり」というような生活ができるようになったと、いまさらのごとく死児の齢を数えたくなるのですが、如何がでしょうか。

◆

英国のもう一つありがたいことは、日本の皇室に対して非常に好意を持っているということで、ポツダム宣言においても日本の皇室の廃止ということに一言も触れない大きな原因は、イギリスが陰に陽に尽力をしてくれたからだと思われる節があります。これは、英国自体の国情が皇室制度の存続と大きな関係があるので、あの多数の自治領が、イギリスの皇室という一つの網で繋っていることは周知の通りです。今日、国らしい国で皇室制度のあるのは日本とイギリスだけになってきた。これが、イギリスの政治家が日本の皇室の存続ということに細心の注意を払う現実の理由でしょう。こういういろいろな事情からいって、将来、このポツダム宣言の運営にあたり、まずイギリスの一票も日本側がポツダム宣言に忠実なる限り、好意的に投ぜられるだろうと思われます。

◆

第三は支那です。私は支那に対する日本人の国民的感情ぐらい、この大東亜戦争の前後によって大きな変化を起こした例は他にないだろうと思います。事実、日支間の紛争の禍《か》根《こん》はあげて支那民族に対する日本人の優越感にあったといって差し支えないぐらいに、八年間にわたって支那大陸を鉄蹄下に踏みにじっていたのですから、一度日本に勝ったとなると思う存分、日本人を打ちのめして痛快感を味わうという気持ちになるのは、支那人としてこれは当然の感情といえましょう。

だから我々は、一度敗け戦になったが最後、三百万の支那派遣軍の何割が生きて故郷の土を踏めるかとまで心配していたのですが、八月十五日、終戦に際してなした蒋介石の演説はまさに我々のこの誤れる支那観に冷水三斗を注ぎかけたように感じられるほど、堂々たるものであった。私は、この蒋介石の大演説を読んだとき思わず「参った」と口走ったほど大きな感銘を受け、そして、久しく日本において探し求めて求め得なかった、本当の大政治家の姿を発見したような気持ちになりました。蒋介石はその演説のなかで次のように申しています。

◆

「同胞諸君、今や我々の頭上に勝利の栄光が輝くに至った。永い間、到底、筆舌に尽くし難い凌辱をうけながらこれに屈せず、よく戦い抜いた諸君の労苦によって我が敵は遂に我が軍門に降ったのである。我が中国人があの暗黒と絶望の時代を通じて、忠勇にして仁慈、真に偉大なる我が伝統的精神を堅持したことに対し、まさに報償を受くべき時機が到来したのである。しかしながら我々が終始一貫戦った相手は日本の好戦的軍閥であって、日本国民ではないのであるから、日本国民に対し恨みに報いるに恨をもってする暴を加えてはならない。

◆

民族相互が真に相手を信じ合い、尊重し合わなければならないということを腹の底から悟ることが、この戦争の最大の報償でなくてはならない。これによって今後、土地に東西の別なく人間に皮膚の色の別なく、あらゆる人類は一様に兄弟のように平和に暮らすことができるものと信ずる。自分はいまさらのごとく『爾《なんじ》の敵を愛せよ』『爾ら人にせられんと思うごとく人にしかせよ』と訓《おし》えられたキリストの言葉を想い出すのである。もしこれに反し暴に報いるに暴をもってし、奴辱に対するに奴辱をもってしたならば、冤と冤とは相報い、永久にとどまるところを知らないであろう。こんなことは決して我々正義の師の目的とするところではないのである。我々は単に敵国人をして己の犯した錯誤と失敗を承認せしむるばかりでなく、さらに進んで公平にして、正義の競争が彼らのなした強権と恐怖による武力競争に比べて、いかに真理と人道の要求に合するものであるかということを承認せしめなくてはならない。換言すれば、敵を武力的に屈服せしむるばかりでなく、理性の戦場においても我々に征服せられ、彼等に懺悔《ざんげ》を知らしめ、これをして世界における和平愛好の一分子たらしめなければならない。この目的を達成したとき初めて今次大戦最後の目的が達せられたことになるのである」

◆

蔣介石のこの言葉を聞いて、いやしくも良心ある日本の軍閥、政治家にして愧死《きし》しないで済む人が幾人あるでありましょうか。私はさっき申した通り、万一敗戦の場合、在支〔中国在住〕数百万の我が同胞がいかに惨虐な目にあわされるであろうかということを考えると、戦争中もときどき身振いするのを禁じ得なかった。この蔣介石の演説を読んで、まことに救われたような気持ちになり、思わず合掌したのです。

事実、終戦後の実状を見ますと、私たちが憂慮したような悲惨な復讐的場面はどこにも起こらなかったのです。もちろん、あの広大な支那全土にわたる交戦地域のことですから、この蔣介石の親心の浸透せざるところにおいて、多少の不祥事が起こったことはあり得ると思いますが、大局においてはこの蔣介石の打った手はまさに一〇〇パーセントの効果を上げていると私は信じます。しかも、この蔣介石の演説は決して利益や体裁から出たのではない。アメリカやイギリスの持つ対日好意とは、また別に、同じ東亜の民族であるという肉親の情愛が、演説の底のほうを脈々と流れているのを我々は感ずるのでありまして、この蒋介石の大精神の厳然として存在する限り、ポツダム宣言運営の場合においても日本生死の問題に対しては、支那の一票は我々に好意的に動いてくれるものと期待して差し支えないと信じます。

◆

最後に残ったのがソ連です。これが実に予測の難しい一票です。元来、ソ連の外交が徹底した現実外交であり、ソ連の親友たらんとするためにはまず自分の力を養い、ソ連をして一目置かしめるだけの実力を備えなければならないといわれているのですが、その意味で今日の小日本がその実力の故をもってはソ連の親友たり得る資格のないことは自明のことでしょう。特に、日本に対する宣戦の経緯から終戦後、満州、北朝鮮、樺太などにおけるソ連の態度には、情報不充分のせいか我々にはまだ理解できない点が多く、このままで推移するとするならば、ポツダム宣言の実行にあたっても如何なる事態が発生するのかと懸念しているものは恐らく筆者一人ではありますまい。

◆

以上、米国、英国、支那、ソ連四カ国の日本に対する気持ちを測って、ポツダム宣言運営の方式を想像した結果、私は日本の将来の政治、経済、民生はだいたい次のような形のものとなると、ほぼ予測しております。

日本の将来はどうなるか

まず政治の問題ですが、将来の政治形態を考えるときに原則的に気がつくことは、ポツダム宣言が繰り返し繰り返し日本に民主主義的政治が行われるべきことを要求していることであります。同宣言第十二条において「日本国国民の自由に表明せる意思に従い、平和的傾向を有し、かつ責任ある政府が樹立せらるるにおいては、連合国の占領軍はただちに日本国より撤収せらるべし」と規定してある。すなわち、民主主義的な政治運用が確立されない限り、連合軍は撤収せず、従って日本の主権は回復されないのですから、我々は、一日も速やかに、この目標に向かって突進するの一途あるのみです。

それにはこれまで日本の民主主義的勢力を圧迫してきた軍閥・官僚のうち、軍閥はすでに解体してしまったから当分問題を起こさないでしょうが、軍閥以上に深く根を下している官僚閥は今後も潜行的にその勢力の維持をはかるに相違ありませんから、この際、国民は責任糾弾の手をゆるめず、徹底的に、官吏の特権的色彩を払拭する必要があります。元来、日本の官僚独善というものは、士農工商の封建的観念に淵源している。あたかも昔の侍が百姓町人を遇するような態度で国民に接し、いわゆる、よらしむべし、知らしむべからずの原則を堅持し、あたかも官吏のために国民が生きているような極めて不親切、不合理のことが、当たり前のような形でかなり長い間行われていたと言わなければならない。いわゆる、陛下の官吏という名前でそれが行われてきたのです。これは、どうしても、国民の公僕という概念に置き代えねばならない。これが官吏改革の根本的理念です。

日本の官吏は、このように人民に対して、陛下の官吏として独善的にのぞむ癖に、肝腎の行政能力というものが、極めて貧弱です。今度、アメリカの進駐軍が入って来て、日本の官庁と交渉して最も驚いたことは、日本の官吏が上になるほど物を知らない、アメリカでは上役ということは、それだけ下役よりも担任の仕事に通暁していた証拠で、ある局に行って、一番物を知っている人といえば、局長だということが当然の常識なのですが、我

◆

が国の官庁においては、まさにその正反対である。日本の局長はほとんど何も知らない。課長はぼんやり知っている。事務官はあらかた知っているけれども、細かいことは属僚に聞かなければわからないという状態で、地位が上になるほど勉強してない。大臣に至っては、むしろ仕事を知らざるをもって得意とするがごとき現象すらある。これには、さすがの進駐軍も唖然としたらしい。それで最初のうちは、アメリカ式に上級の役人をつかまえて質問するのだが、具体的な答弁が得られないので、この頃はいきなり、下級の専門属僚を呼び出している状態だと聞いています。すなわちアメリカの一番上の役人と日本の一番下の役人と話が合うということになるが、これは決して日本の官吏に名誉なことではない。

しかし何人にも才能はあるものでして、日本の官吏にも非常に優れた才能が一つある。それは何かというと責任回避術である。この術に対しては実に驚くべき才能を発揮している。引例はあまりに無数で挙げるにたえない。要するに、従来の如何なる悪政に対しても官吏が一人だに責任をとったためしがなかったという事実を想起してみれば、何人にもすぐわかることです。

極めて通俗的なことでは例の木造船計画というものがある。あの木造船計画の無謀なことは、専門家にははじめからわかっていた。第一ああいう乱暴な船体の構造では危なくて乗り手がない。それをわずかばかりの資材の倹約を口実に海務院案というものを押し通した。また、仮に船体ができてもエンジンの手当てをすこしも考えておらない。また、エンジンができたとしても油がない。油ができたとしても、乗組員が人手不足で、どこから探してくるか、その上に百トン、二百トンの木造船を無数に急造したところで、その荷役をする港湾設備をどうするか。木造船計画を立てる以上は、こういうすべての問題を立体的に、平行的に解決していかなければならない。

◆

その上、物には順序というものがあって、港湾、乗組員、油、エンジン、船体の五つの条件のうちで、乗組員と油は、まあ別問題としても、港湾工事に一番時日がかかるのです。その次にはエンジン製造で、船体は最も短日月でできあがる。そして、たとえ船体ができても、つなぐ港湾がなければ、腐ってしまうぐらいのものだから、これは一番後から着手していい。ところが、お役人は、一番後廻しにしていい船体を真先に計画して、しかも、他の条件はすこしも考慮しない。その状、あたかも船体さえできれば、摩訶不思議のように、他の条件も揃うものと思い込んでいる。そこで民間の関係者はいっせいにこの非科学的な計画を攻撃したのですが、とうとう官庁側が押し切って、やたらに新聞に宣伝させ、全国津々浦々に木造船会社をこしらえたが、いったい現状はどうなっているか。ほとんど一艘も残らずといっていいぐらい、できあがった船体はぼんやり港や浜に繋いであって、いたずらに子供の水泳の飛び込み台になっているのが精々で、どのぐらい、この乏しい日本のもったいない資材と労力とを浪費したか、わからない。けれども、この木造船の失敗によって、何人が責任をとったか、寡聞にして私は聞いたことがない。恐らく当時の官吏はそれぞれ在任中、木造船計画をたてたという功績でもって、とうの昔、どこかに栄転していることと思います。

◆

このように、木造船計画という一つの仕事の中にも今までの日本の官吏の姿というものが、赤裸々に現れている。官吏はまさに敗戦責任者の最も大きなグループだというべきである。だがもともと、素質からいうならば、日本の官吏は、国民の優秀分子に属する者が多いので、それが官僚機構という特権的な城の中に長い間勤めているうちに、いつの間にか勉強家が勉強しなくなリ、責任回避だけがうまくなり、人民の都合ということは第二次的に考えるような人種になってしまったのですから、今後の政府当局は、官吏の特権的機構に大斧鉞《ふえつ》〔大鉈《なた》〕を加えなければならない。

それには、第一に文官任用令と文官試験制度というものを根本的に改正して、官民の人事交流を自由にすること。第二にその仕事に対して徹底的に責任をとらしむるような構想をめぐらすべきこと、第三に官吏の異動が国民の利益を無視して、ただ本人の出世の方便として行われ、そのために専門官吏を養成することができず、いたずらに事務を渋滞せしめ、属僚行政に随さざるを得なかった弊風を一掃すること。第四に、ある種の官吏の公選、例えば知事公選のごときは一日も速やかに実行すべきことなどが挙げられると思います。

◆

かくして軍閥・官僚から解放された後の日本の政治は結局、議会中心です。議会中心の政治を行うためには必ず確固たる基礎と明白なる主張を有する政党の出現を必要とします。

◆

近年の日本議会は、まったく軍閥・官僚の走狗と化し、独自の主義主張のごときはまったく忘れ去った観を呈していたのですが、今後の政党の生命は、日本を如何に再建するかという具体的な主義・政綱にかかっているわけです。しかして、この具体的な主義・政綱というものを詮じ詰めますと、一つは資本主義を肯定するか、否定するかという私有財産制度の問題、もう一つは天皇制を肯定するか、否認するかという立憲君主政体の問題、この二つの基本的命題をめぐって、本質的に政党の分野が生じ、この両問題に命を賭けて争うというような現象が起こってくるものと、私は観測しています。

しかし、最後的にすべてを決するのは、国民の政治常識ですから、国民自体に今までのような「泣く児と地頭には勝てない」「長いものに捲かれろ」式の封建的思想が染み込んでいたのでは、議会政治は軌道に乗らない。これを急に解放すると、自由と無責任とを混同するような現象が起こりがちです。ここに民主主義的再教育の必要が痛感されます。

いったい、この日本精神の近代化は明治維新において行わるべくして行われなかったものです。それが敗戦の結果として、敵側から突きつけられたポツダム宣言によってもたらされることになったということは、ある意味においては軍事的敗北よりも、大きな文化的敗北であり、この文化的敗北が、むしろ軍事的敗北の根本をなしているというべきです。明治維新以来八十年の今日、やっと議会政治の運用をアメリカによって手をとって教えられるという今日の状態は、世界の敗戦の歴史にもその例を見出し得ないほどの国民的屈辱です。しかし、いまさらそんなことを言っても仕方がない。我々は、一生懸命勉強して、この敗戦の弔鐘を、日本再建の暁鐘と転化する以外に、今後の活路はないことを深く知るべきであります。

◆

次に経済面です。将来、日本の経済界がポツダム宣言の線に沿って、どういう風な推移をたどるであろうかということを考えるときに、まず目先の問題と永久的な問題とに分けなければならない。日本の目先の問題はいうまでもなく、食糧問題であって、これは今日、一農林省の問題でなく、内閣全体が農林省になって解決しなければならない問題です。極端なことをいえば、運通省は、米だけ運ぶものにしなければならない。陸海軍は復員を急ぐだろうが、米を運ぶために心を鬼にして、内地に帰る者はストップして、船腹を米のほうに廻してもらわなければならない。このままでいけば、一千万人の日本人が来年〔昭和二十一年〕四、五月頃、餓死してしまうという計算が出ている以上は食糧をつくることに官民の全精力を集中しなければ、どんな立派な日本再建政策を考えても駄目なことです。

が、この問題は結論的にいえば、どうしてもアメリカの援助を得て、外米を入れる以外にないということに落ちつくと思いますが、それまでにまず日本国民自体がなすべきすべてを尽くして、全世界を納得せしめなければならない。このベストをつくさず、耕作を怠ったり、供出を拒んだり、不合理な配給を続けたりしていれば、いかに多くの餓死者を出そうとも、それは自業自得として、アメリカは高みの見物をしているに違いない。しかし、我々が全力を尽くして、なおかつ、どうしてもこれだけ足りないのだということがわかれば、ポツダム宣言の精神からいっても、アメリカは傍観しているわけはないと確信しています。

さて、この目先の食糧問題の解決がついたとして、その後の日本の産業状態はどう変化

◆

するか。根本的に日本の土地では、日本の人口七千八百万人を養うことができないという制約があるのですから、これは前にもちょっと書きました通り、余剰人口約二千八百万人の労力を商品の形にして輸出して、その代償として食糧を輸入する以外にないのです。

しからば、どういう商品の形で労力を輸出すべきかというと、なるべく少ない材料で労力をたくさん食う産業でなければならない。例えば、鉄一トンを原料に持ったとする。これをパイプにつくったり、あるいは旋盤にこしらえたりすると、一トンにかける工賃はいくらでもない。ところが、これを時計のごとき精巧細密な小機械にすれば、何千倍の労銀がとれる。同じく絹を輸出するのでも、繭のままで輸出したのでは農家の手間賃だけになる。これを生糸にすれば女工の手間賃、すなわち女工の食糧が得られる。これを織物にすると織物会社の全従業員の労力が輸出できる。さらに捺染し、またハンドバッグなどに手をかけて細工をすればするほど、同じ分量の原料を使って、大勢の労力が輸出され、代わって、それだけの食糧が輸入されるのですから、今後の日本産業再建の方向はとりあえず、こういう方面に進むべきだと思われます。

そうするにしても大東亜戦争中に日本の機械設備はほとんど命数がつき、原料も使い尽くしているのですから、少なくとも「向かい水」の役をする第一回の原料と最初の設備だけはクレジット〔信用供与〕によらなければ、その運転を開始することは不可能です。もちろん、その必要量は最少限度のものでなくてはならず、クレジットの期間も極めて限定しなければならないが、第一回のクレジットだけはぜひともアメリカの諒解を得るよう、格段の努力を政府に望まざるを得ません。もし、このクレジットの交渉がどうしても成立しない場合には、やむを得ないから、最少限度の要求として連合国の原料に対する加工事業を引き受けることにして、日本の失業問題と食糧問題とを解決すべきだと考えます。

◆

以上述べた政治、経済の当面の推移とにらみ合わせて、ポツダム宣言に結びつく我が国民の関心事は、恐らく賠償問題だと思います。この賠償問題はポツダム宣言中には、「日本国はその経済を支持し、かつ公正なる実物賠償の取り立てを可能ならしむるがごとき産業を維持することを許さるべし」（第十一条）とあるだけですが、すでに「公正なる賠償」

といい、かつ、国民の生活を維持した残りをもって、この賠償を支払うだけの産業の維持を約束しているのですから、第一次世界大戦後、ドイツに課せられた天文学的数字を連想することによって、あたかも賽の河原の石積みのごとく、いかに働いても働いても追いつかないのではないかというような心配をする必要はないだろうと、私は予測しています。

その上、賠償を実物賠償と限定しているところに、アメリカの千万無量の含みがあります。実物賠償というと、ご承知の通り我が国の生産設備や各種の原料資材はほとんど、戦争中に使い尽くしており、これ以上、日本から持ち出すものは極めて少量にとどまり、わずかに台湾、満州、朝鮮のごとき喪失領土における各種資産をもって、これに充当する程度のものでしょう。

その次には、毎年の商品をもって賠償に充当することが考えられるが、しからば、具体的に如何なる商品を取り立てるかということになると、これもなかなか難しい。まず、生糸と誰でも思いつくが、これをあまり大量に持っていくと、せっかく勃興したアメリカのナイロン産業[1]を脅かします。あとは、茶、瀬戸物、玩具というようなものだが、そういう雑品は自ずから量が限定される。そこで、日本の紡績品はアメリカ本国には要らないけれども、アメリカの支配下の東亜諸国に送ることが考えられるが、これもあまり大量に出すと、肝腎のアメリカ紡績品の販路をふさぐ自殺行為ともなりかねない。こう考えると、抽象的には、実物賠償というが、具体的に、ではいったい、何を取り立てるかとなると、非常に難しい。何となれば、アメリカ自身は、日本の商品なんか、それほど必要ないのみならず、かえってアメリカ自身の産業に実害を及ぼす恐れさえある。とすると、残るのは、懲罰的な意味で賠償を課し、取り上げた品物は太平洋の真ん中に捨ててしまうというような手もあるのですが、これは理論的にいうべくして、なかなか難しいことと思います。

しかし仮に、実物賠償を取りたてるために連合国側が進んで日本に対し設備・原料を供給し、その製品を持ち帰ることを要求するのであれば、千万人に近い失業者の出ることが予想されている日本の現状においては、むしろ救いの神というべきです。しかも、賠償を完了した暁には、それだけ日本国民の生産力に余力を生じ、生活水準の向上をはかることができるのですから、ある意味で一種の強制貯金の働きともなり、また前途に対する光明ともなる性質のものです。この故に私は賠償問題に対しては、決して行きすぎた心配をしていない。この賠償問題を前途に控えるために、全く立ち上がる気力を失い、いたずらに懊悩煩悶している日本の産業指導者は、よく、私の申す点を深思され、国家再建の先頭に立って奮励せられんことを切望する次第であります。

◆

戦後日本の重大課題は、このほかに、インフレーション問題、失業問題など、次から次へ挙げられます。そのうち今後の青少年の教育問題は日本再建の根本問題であるから、これに対して寸言を費やしたい。

明治維新前における日本の教育目標は、武士としての人間の完成にあったが、明治以後はいたずらに欧米の物質文明を模倣することに急なるあまり、人間としての鍛錬を忘れて技術の修得をもって唯一の目標とし、その人生観は立身出世主義に堕するに至ったのです。幸い、明治維新から大正の初期にかけては、日本の中心指導者に明治維新前の武士道的教育を受けた人たちが残存しておりましたので、かかる立身出世主義の技師的人物でも充分に補助的な働きをなし得た。いわば大黒柱がたくさんあったのですから、畳建具の役をする者が重宝がられたとも見られましょう。しかるに昭和年代に入り、維新前の教育を受けた人たちがすべて死に絶えたあとは、大黒柱のない建具ばかりつぎ合わせたような建物となり、そこに、この大暴風雨が襲ってきたのですから、ひとたまりもなく吹き倒されてしまった次第です。

その意味で私は、新しい人格教育の必要性を痛感せざるを得ません。この人格教育は、大東亜戦争最中、さかんに鼓吹された、いわゆる、みそぎとか、練成とかいうものとは本質的に異なるものです。あの、みそぎなどと称する極めて短期間の実用的なる人物練成行事は、結果的に見ますと、我が国民に民族的自惚れを植えつける魔術だったともいい得ましょう。これらの練成参加者に限らず、日本国民全体が、軍部がその侵略的野望を遂行する方針として採用した八紘一宇とか日本民族の優秀性とかいう心理的宣伝を、漫然と鵜呑みにして、いい気になっていたのですが、終戦後の今日、冷静に自己批判してみますと、日本の立ち遅れは単に科学物資の方面だけでなく、人間的に見ても非常に遺憾な点が多かったことを、次から次に自覚せざるを得ません。

この意味で、今後の教育問題の成否は、日本再建の運命を根本的に決するものであり、その方向は、智能の士よりも、真理の人であり、従来の小手先の器用なる人間をつくる技術万能主義を改めて、人間として信用し得る人格本位の教育制度を確立すべきであると信じます。その意味で私は数百万にのぼる帰還将兵の今後の働きに対して大いなる期待をかけています。明治政府の中堅人物が維新の風雲のなかから輩出したごとく、大東亜戦線の硝煙弾雨の中から、日本再建の大偉人が現れることを期待するのは、恐らく私一人ではありますまい。

◆

さて私は、ポツダム宣言下における今後の日本の動向を、政治経済の角度から観測し、その結果、断じて一部国民が考えているような暗い運命のみが、我らを待っているのでないという結論を得たのであります。なるほど、目前の食糧問題、失業問題は深刻ですが、これは、決して解決し得ない問題ではない。これらの問題が社会不安から社会擾乱《じょうらん》に発展

◆

するまでには、いくらでも阻止する手が成り立つ。ことに、この点でプラスと考えるべきは、この大東亜戦争が予期せざる一種の無血社会革命を起こし、戦前の富裕階級が実質的に貧乏になり、農民、労務者のごとき戦前の窮乏階級が一般的に余裕を持つに至ったことでしょう。たとえば、富豪の持っていた一升の酒に水を入れ一斗とした上、富豪には、そのなかの二升を与え、残りの八升を戦前窮乏していた農工階級に分配したという結果になっており、日本全体を通じてみると貧富の差が著しく減少しているのであって、この事実は、目前の危機を切り抜け、政治経済の民主化をはかる上に非常に役立つと思います。

こうして一度、目前の危機を切り抜け得たとしたならば、我々の将来は相当、楽しい設計図を描くことができるのであって、仮に今後、日本人が一日十時間勤労するとして、恐らく日本人だけが単に衣食するという程度なら一日三時間で足りるでしょう。あとの二時間は戦災復興のために働き、残りの四、五時間を賠償支払いのために働く。仮に日本国民全体が、そういう意味の勤労生活を今後営んでいったとしたら、復興が終わり、賠償を払い切った後には、日本人は午前中だけ働いたならば、衣食住の資料は充分に賄えて、あと

◆

はまったく人間としての内容を豊かにするための時間として使い得るわけになり、午前中だけ会社に出る、工場に働く、農園を耕す、午後は魚を釣りに行きたい人は魚釣りに、ダンスをやりたい人はダンスをやるということになる。これは膨大な軍備費から解放された平和国家の特権ともいうべきであります。

この点では、四面、海を環《めぐ》らした我が地形は、海運に、貿易にすぐれた条件を与えており、スウェーデンやノルウェーの漁業国とも拮抗できるし、豊富な水力電気のエネルギーと手先の器用な我が国民性と相俟って、スイスを凌《しの》ぐような精密機械工業の勃興も期待できるし、また、農耕技術の科学的進歩により、デンマークの文化的農村を思わせるような豊饒な田園風景も現出するでしょう。しかも、我が国の従来得意とした各種繊維工業が世界市場を相手とする日も必ずカムバックすると思われますし、また、幾度も繰り返したように、我が方がポツダム宣言に忠実なる限り、連合国側も、必ずそういう新生の日が来ることに力を貸してくれることと信じられます。だから、目先は非常に苦しいが、これを何とかして突破したならば、その先は非常に楽しい。そこは武装解除の国家ほど幸福な国家はないので、今まで毎年毎年、数百億円、武力のために消費していた財政を全部、教育と民生と発明発見とに費やしたならば、恐らく世界有数の文化国が生まれるものと考えます。

◆

なるほど、我々は武力を失った。武力を持たぬ限り、従来の意味の「大国」として立ち上がることは不可能でしょう。しかし私は、この第二次世界大戦が終わった後もなお死に物狂いで原子爆弾の研究か何かを続けなければならない、いわゆる大国というものが、それほど幸福であるかどうか、疑うものです。これは決して負け惜しみでもなんでもない。我々は、戦に敗れたけれども、そして戦の不幸なる贈り物ではあったけれども、国民としては人間の威厳をとり戻した民主主義的な生活を創造することができるし、国家としては日本本来の平和国に邁進する道が開かれたといえるでしょう。この点ではペリー提督と明治維新と結びつくように、マッカーサー元帥[2]と昭和維新と結びつくような運命の示唆を感ぜざるを得ないのです。こう考えてくると、私は戦争の廃墟の上に再建さるべき新しい日本の前途に洋々たる希望を持ち得るのであります。

◆

思えば、皇紀二千六百年、この長い過去の二千六百年と、さらに、それより長い将来の日本の国の生命を思うときに、明治推新に始まった、ここ八十年の変化は大相場のアヤに過ぎないともいえましょう。私は、この悠久なる国史の発展の跡をふり返るときに、日本国民が如何なる苦難をも突破し得る適応性を有することを認めざるを得ないのです。

私はこの書で、いろいろな角度から敗戦の真相を究明しましたが、これは、科学と道義の裏づけなき独善的民族観が今日の悲運を招いた戒めとしたのであって、我々が、「万世のために泰平を開く」の御聖旨を奉戴して、新しき平和国家の方向に立ち上がるならば、必ずや、「御民、我れ生けるしるしあり」の日を迎えることを確信することはいま、この書を読み終わった読者諸君と同様であります。

◇戦争はどのようにして起こったのか

(1) 第一次ヨーロッパ戦争

第一次欧州大戦、第一次世界大戦のこと。一九一四年から一八年まで三国協商（英国、フランス、ロシア）と三国同盟（ドイツ、オーストリア・ハンガリー帝国、イタリア＝一五年五月に離脱）を中心とした二つの陣営に分かれて戦った世界規模の戦争。一四年六月、オーストリア・ハンガリー帝国の皇太子、フランツ・フェルディナント大公夫妻が、ボスニアの首都サラエボで、白昼暗殺されたのをきっかけに、オーストリア・ハンガリーはセルビアに宣戦布告、これに対してロシアがセルビアを支援して介入、これを見てドイツがオーストリア・ハンガリーを支援するといった具合に、各国が戦争に巻き込まれていった。日英同盟を結んでいた日本は一四年にドイツに対して宣戦布告、チンタオ（青島）などのドイツ植民地を攻撃、占領した。三国同盟側で最後まで戦ったドイツが一八年十一月に休戦協定に調印、翌一九年にベルサイユ条約が結ばれ、講和が成立した。欧州を主戦場とした戦争であり、日本の産業界は戦争特需で活況を呈した。

(2) ベルサイユ条約

第一次世界大戦後、敗戦国ドイツと英米仏など連合国との間で結ばれた講話条約。一九一九年六月二十八日、ベルサイユ宮殿の「鏡の間」で調印された。この条約によってドイツは海外植民地のすべてを失い、第一次大戦前に比べて約一〇パーセントの領土と人口を喪失した。また、徴兵制の廃止、潜水艦の禁止、軍用航空機の廃棄などの軍備制限のほか、巨額の賠償金を課せられた。この賠償金支払いの結果、ドイツは通貨の暴落と天文学的なインフレーションに見舞われ、経済は崩壊、国民は日々の生活で敗戦を実感することになった。

(3) ゲルマン民族

ドイツの中心を占める民族。インド・ヨーロッパ語族のうちゲルマン語派の言語を用いる民族の総称。ドイツのほか、スウェーデン、ノルウェー、デンマーク、オランダ、アングロ・サクソンなどが属す。アドルフ・ヒトラー率いるナチスは純粋なアーリヤ人(ゲルマン人)の人種的な優越性を主張し、ユダヤ人を排除しようとした。

(4) ユダヤ人征伐

一九三三年、ドイツにナチス政権が誕生すると、ユダヤ人を経済・政治活動から排除する動きが強まり、非アーリヤ人(ゲルマン人)の公務員は解雇され、ユダヤ人企業は解散、財産処分、所有権の移転などを迫られた。三八年、フランスのパリでドイツ人外交官がユダヤ人に暗殺されたことをきっかけに起きた「水晶の夜」では、ユダヤ教会が放火され、ユダヤ人商店が襲撃された。第二次大戦中には、アウシュビッツなどの強制収容所でユダヤ人の組織的な殺戮が行われ、「ホロコースト」といわれた。

（5）アルバート・アインシュタイン（一八七九―一九五五年）

相対性理論で知られる、ドイツ生まれの理論物理学者。南ドイツのウルムに生まれ、スイスのチューリヒ工科大学を卒業後、一九〇二年、ドイツのベルン特許局技師となる。一九〇五年、ブラウン運動理論、光量子仮説、特殊相対性理論を相次ぎ発表、一九〇九年にチューリヒ大学の物理学教授。プラハ大学などを経て一三年にベルリンのカイザー・ヴィルヘルム研究所の物理学部長。一五年に完成した一般相対性理論で国際的に注目される。二一年、ノーベル物理学賞を受賞。二二年（大正十一年）に来日、各地で講演、熱烈な歓迎を受けた。ナチス政権が樹立した三三年に米国に逃れ、プリンストン高等研究所員、三九年には、ドイツの原子爆弾製造を米大統領のルーズベルトに警告、これが米国の原爆開発につながったといわれる。四〇年に米国の市民権を獲得。晩年は核兵器廃絶などの平和運動に尽力した。

（6）二千六百年＝皇紀二六〇〇年

日本書紀にある神武天皇即位の年を紀元とした日本独自の紀元表記。一八七二年（明治五年）に太政官布告で、神武天皇即位の年を西暦紀元前六六〇年として紀元にすることを定めた。一九四〇年（昭和十五年）は皇紀二六〇〇年にあたるため、様々な祝賀行事が行われた。ここでは「日本が誕生して以来」という意味で使われている。

（7）大東亜共栄圏

太平洋戦争の際に提唱された、中国、東南アジア諸国を欧米の植民地支配から解放し、日本を中心とした共存共栄の経済圏を作るという構想。一九四〇年（昭和十五年）、第二次近衛文麿内閣の松岡洋右外務大臣が初めて使ったもので、太平洋戦争遂行にあたってのスローガンになった。

（8）マシュー・C・ペリー（一七九四―一八五八年）

米国の海軍軍人、日本開国を求めて「黒船」で来航した。米国の蒸気船海軍の父ともいわれ、一八五二年、東インド艦隊司令長官に就任。一八五三年、浦賀水道沖に四隻の蒸気軍艦で来航、この黒船出現によって、江戸は大混乱に陥った。ペリーは、フィルモア大統領の国書を幕府に渡し、開国を迫った。一時、中国に退去した後、翌一八五四年に再び来航。下田・函館の開港を認めた神奈川条約（日米和親条約）を締結、開国への第一歩となった。帰国後、ペリーは『日本遠征記』を著した。

（9）日清戦争

一八九四年（明治二十七年）に勃発した、朝鮮支配をめぐる日本と清国（中国）との戦争。朝鮮の甲午農民戦争（東学党の乱）の鎮圧のために出兵した清国軍と日本軍が一八九四年七月、豊島沖海戦で戦闘を開始、同年八月、両国は宣戦を布告、日本は平壌、黄海、旅順で勝利を収め、一八九五年四月に下関条約（日清講和条約）が結ばれ、戦争は終結した。この結果、賠償金とともに、遼東半島、台湾などを領有することになったが、ロシア、フランス、ドイツの三国干渉により遼東半島は清国に返還した。

（10）日露戦争

一九〇四年（明治三十七年）に起きた、満州・韓国の支配権をめぐる日本と帝政ロシアとの戦争。三国干渉後、清国、韓国への進出を進めるロシアに対し、日本は日英同盟を締結し、利害調整をはかろうとしたが、両国の交渉は不調に終わった。一九〇四年二月、日本が旅順のロシア艦隊を奇襲攻撃、両国は宣戦を布告。ロシア艦隊の基地があった旅順を五万九千人の戦死者を出しながら陥落させ、奉天（現在の瀋陽）会戦でも勝利を収めた。一九〇五年五月、日本海海戦でロシア・バルチック艦隊を撃破したことをきっかけに、米国のセオドア・ルーズベルト大統領の斡旋により、日露講和条約（ポーツマス条約）が結ばれた。日本の韓国における優越権の承認、関東州の租借権、長春―旅順間の鉄道譲渡（後の満鉄）、サハリン半島南半分の割譲などを得たが、賠償金を得ることはできなかった。

(11) 中島久万吉（一八七三―一九六〇年＝明治六年―昭和三十五年）

実業家、政治家。東京高商（現一橋大学）を卒業。一九〇六年（明治三十九年）、古河財閥に入り、古河合名理事、横浜護謨、古河電工社長を歴任。一九三二年（昭和七年）、斎藤実内閣の商工大臣となったが、帝人事件に連座して政界を引退。戦後は、日本貿易会を設立し、事業家として活躍。著書に『政界財界五十年』がある。

(12) 桂太郎（一八四七―一九一三年＝弘化四年―大正二年）

軍人、政治家。長州藩士として戊辰戦争では奥羽を転戦。長州閥で、山県有朋の直系。明治維新後はドイツに留学し、帰国後は陸軍にドイツ式の兵制を導入した。一八九八年（明治三十一年）、伊藤博文内閣の陸軍大臣。一九〇一年（明治三十四年）、第一次桂内閣を組閣、日英同盟を締結、日露戦争を遂行するが、一九〇六年（明治三十九年）、日比谷焼き打ち事件など日露講和条約締結に対する国民的反対運動が激化し退陣。第二次桂内閣（一九〇八―一一＝明治四十一年―四十四年）では韓国を併合。一九一二年（大正元年）十二月、再び首班となるが、護憲運動の高まりから翌年二月に総辞職。

（13）児玉源太郎（一八五二―一九〇六年＝嘉永五年―明治三十九年）

陸軍軍人。徳山藩士として戊辰戦争に参加。佐賀の乱、西南戦争に従軍。一八九八年（明治三十一年）台湾総督に就任。後藤新平を登用して植民地経営の基礎を築く。一九〇〇年（明治三十三年）、第四次伊藤博文内閣の陸相を兼任。一九〇四年（明治三十七年）、陸軍大将に就任。日露戦争では満州軍総参謀長として大山巌総司令官を補佐。旅順攻略作戦を指揮。一九〇六年（明治三十九年）、陸軍参謀総長兼南満州鉄道株式会社（満鉄）創立委員長に就任。

（14）金子堅太郎（一八五三―一九四二年＝嘉永六年―昭和十七年）

政治家。一八七一年（明治四年）、福岡藩留学生として渡米、ハーバード大学で法学を学ぶ。一八八〇年（明治十三年）元老院に入り、伊藤博文のもとで、井上毅、伊東巳代治とともに大日本帝国憲法の起草に従事。一八九八年（明治三十一年）第三次伊藤内閣の農商務相、一九〇〇年（明治三十三年）第四次伊藤内閣の法相。日露戦争中は米国に派遣され、旧友のセオドア・ルーズベルト米統領らと折衝、対日世論を好転させた。一九〇六年（明治三十九年）、枢密顧問官に就任、「憲法の番人」を自称した。

（15）セオドア・ルーズベルト（一八五八―一九一九）

アメリカ合衆国第二十六代大統領（一九〇一年―一九〇九年）。ニューヨーク生まれ。ハーバード大学を卒業。ニューヨーク州下院議員、同市警察総監などを務め、一八九八年に米西戦争が起きると義勇軍を指揮し国民的英雄になり、同年、ニューヨーク州知事。一九〇〇年、マッキンリー大統領のもとで副大統領。一九〇一年、マッキンリー暗殺によって昇格、史上最年少の大統領に。国内では、独占企業の規制や資源保護を進める一方、対外的にはパナマ運河地帯の獲得などカリブ海地域へ勢力を拡大、帝国主義的外交を展開した。日露戦争終結へ調停にあたり、一九〇六年に米国人で初めてノーベル平和賞を受賞した。著書に『アメリカと世界戦争』などがある。

(16) 日比谷焼き打ち事件

日露講和条約（ポーツマス条約）に反対した民衆暴動。日露戦争の講和条約については、旅順攻略戦などで多大な犠牲を出しながら、賠償金がないなど戦果が不十分であることを理由に、国民の間には反発が高まった。こうしたなか条約締結日の一九〇五年（明治三十八年）九月五日に東京・日比谷公園で開催された講和条約反対国民大会に集まった民衆は政府の講和交渉に不満を爆発させ、暴徒化、政府系新聞だった国民新聞社、内相官邸、警察署などを焼き打ちにした。政府は翌六日、東京市と東京府下に戒厳令を敷き、軍隊を出動、鎮圧した。しかし、その後も騒乱は各地に波及、全国で反対集会が開かれ、同年十二月、桂内閣は退陣に追い込まれた。

(17) 支那事変

日中戦争。日華事変ともいう。一九三七年（昭和十二年）七月の盧溝橋事件に始まり、四五年（昭和二十年）の敗戦まで続いた八年間にわたる日本と中国の全面戦争。日本は三七年末までに北京、天津、上海、南京などを占領、蔣介石の国民政府は首都を重慶に移転し、抗日戦を展開した。近衛文麿首相は「国民政府は相手にせず」との声明を出し、徐州、広東、武漢三鎮に戦線を拡大、三九年（昭和十四年）には海南島、南寧を占領、四〇年（昭和十五年）北部仏印（フランス領インドシナ）に進駐、重慶への圧力を強めたが、局面を打開できなかった。四一年（昭和十六年）十二月には対英米戦争に突入。四三年（昭和十八年）にガダルカナル戦に敗北するなど南方戦線が劣勢になると、重慶攻略作戦を放棄。ついに四五年八月、ポツダム宣言受諾により、中国の日本軍は蔣介石の国民政府に降伏した。

(18) 東条英機（一八八四―一九四八＝明治十七年―昭和二十三年）

陸軍軍人、政治家。太平洋戦争開戦時の首相。東京生まれ。陸軍大学校卒業。永田鉄山とともに陸軍統制派の中心人物。関東軍参謀長、陸軍次官を経て、一九四〇年（昭和十五年）第二次近衛文麿内閣、四一年（昭和十六年）第三次近衛内閣の陸軍大臣。対英米強硬論を主張し、同年、現職の軍人のまま東条内閣を組閣、対英米戦争に突入する。陸相、内相を兼任するなど独裁的体制をつくったが、四四年（昭和十九年）七月、サイパン陥落で内閣総辞職。敗戦後、A級戦犯容疑で逮捕される直前にピストル自殺を図るが失敗。極東国際軍事裁判（東京裁判）で死刑判決を受け、絞首刑。

(19) 満州事件→満州事変

一九三一年（昭和六年）九月十八日の柳条湖事件に始まる満州（中国東北部）への侵略戦争。中国・柳条湖付近で満鉄の線路が爆破されたのを口実に、政府の不拡大方針にもかかわらず関東軍は独走、満州への侵略を進め、三二年（昭和七年）三月に満州国の建国を宣言。同年九月、斎藤実内閣は満州国を承認した。国際連盟は三二年、この事態に対し、英・米・仏・独・伊五カ国の委員から構成されたリットン調査団を満州に派遣、現地調査した結果、日本の軍事行動を侵略とみなし、満州から撤退することを求めたが、日本は拒否。三三年（昭和八年）、日本は国際連盟を脱退するに至る。

(20) 大東亜戦争

太平洋戦争、アジア・太平洋戦争の戦時中の呼称。四一年（昭和十六年）十二月八日の対英米開戦から四五年（昭和二十年）八月十五日（降伏文書調印は九月二日）まで続いたアジア・太平洋地域における日本と連合国との戦争。四一年十二月十日、大本営政府連絡会議は、対英米戦開戦にあたり、支那事変（日中戦争）も含めて「大東亜戦争」と呼ぶことを決定、敗戦までこれが日本側の正式呼称となった。

(21) 伊藤博文（一八四一―一九〇九＝天保十二年―明治四十二年）

政治家、初代総理大臣。長州藩士。松下村塾に学び、一八六三年（文久三年）、井上馨とともに渡英。木戸孝允に従って討幕運動に参加。明治維新政府では、大蔵小輔兼民部小輔などを務め、一八七一年（明治四年）、岩倉具視遣外使節団に参加し、欧米を視察。一八八二年（明治十五年）にも渡欧し、プロイセンの憲法や法制度などを調査、帰国後、華族制度や内閣制度の創設、大日本帝国憲法や皇室典範の制定などに尽力。一八八五年（明治十九年）初代内閣総理大臣に就任。日露戦争後、一九〇六年（明治三十九年）日韓協約を結び、初代韓国統監となる。一九〇九年（明治四十二年）十月二十六日、中国・黒竜江省のハルビン駅で朝鮮独立運動家である安重根に暗殺された。

（22）アドルフ・ヒトラー（一八八九―一九四五年）

ドイツの政治家。オーストリア生まれ。ウィーン美術学校入学を目指すが果たせず、ドイツに移住、第一次世界大戦に志願して出征。一九一九年、ドイツ労働者党（二〇年にナチス＝国家社会主義ドイツ労働者党＝へ改称）に入党。二一年、ナチスの党首・総裁に就任。二三年、ルーデンドルフ将軍とともにバイエルン州政府転覆を図った「ミュンヘン一揆」を起こしたが、失敗、逮捕され、獄中で『わが闘争』を書き上げた。出所後は、選挙によって合法的な党勢拡大をはかり、三三年、首相に就任。三四年には首相と大統領を兼務した総統（フューラー）となり、「第三帝国」といわれるナチス独裁体制を確立した。ゲルマン民族の優越性を主張し、対外的には強硬・軍拡路線を推進。年三五年、ベルサイユ条約を破棄、三七年に日独伊防共協定、三九年には独ソ不可侵条約を締結した。同九月、ポーランドに侵攻、第二次世界大戦の火ぶたを切って落とす。四〇年六月には仏パリに無血入城。四一年にはソ連を奇襲攻撃、一時はモスクワに迫るなど、欧州全域で優勢を誇っていたが、四三年、スターリングラードの攻防に敗れて以降、敗色が濃くなり、四四年六月には連合軍が仏ノルマンディーに上陸。四五年四月三十日、ソ連によって包囲されたベルリンの地下壕で前日に正式結婚したばかりのエバ・ブラウンと共に自殺。同五月七日、ドイツの無条件降伏により、第三帝国は滅亡した。

（23）ナチス

国家社会主義ドイツ労働者党。国民社会主義ドイツ労働者党とも訳される。一九一九年、ドイツ・ミュンヘンで、ドイツ労働者党として結成される。二〇年、ナチスに改称。二一年からヒトラーが党首・総裁となり、暴力的な街頭闘争を展開、二三年、ミュンヘン一揆に失敗、ヒトラーは投獄、非合法化されるが、二五年に再建され、合法的な大衆運動へ路線転換。大恐慌による社会的・経済的不安を背景に党勢を拡大、国防軍や産業界の支持も得て、三二年に国会第一党、三三年にヒトラーが首相となり、政権獲得。その後は他政党を弾圧、一党独裁体制を確立し再軍備を進める。第二次大戦に敗れて壊滅。

(24) 日独伊三国同盟

一九四〇年（昭和十五年）九月、ドイツ・ベルリンのヒトラー総統官邸で調印された日本、ドイツ、イタリアの三カ国による軍事同盟条約。日独ともに米国の参戦を防ぐことを狙いとしていたが、この同盟によって、日米関係はさらに悪化、第二次世界大戦への道を歩むことになった。

(25) 平沼騏一郎（一八六七—一九五二年＝慶応三年—昭和二十七年）

政治家、司法官僚。美作国（岡山県）津山藩生まれ、東京帝国大学卒業。八八年（明治二十一年）司法省に入省し、一九一〇年（明治四十三年）の大逆事件では主任検事を務め、一二年（大正元年）から検事総長を務めるなど、司法界の重鎮。第二次山本権兵衛内閣の法相。二四年に国家主義団体「国本社」を主宰。三六年（昭和十一年）国本社会長を辞任して枢密院議長。三九年（昭和十四年）一月、内閣首班、同年八月、独ソ不可侵条約締結に「欧州情勢は複雑怪奇」と声明して総辞職。第二次・第三次近衛文麿内閣の国務相。戦後、A級戦犯として終身禁固刑。

(26) 近衛文麿（一八九一—一九四五年＝明治二十四年—昭和二十年）

政治家。名門貴族、近衛家の出身で公爵。東京生まれで、京都帝国大学卒業。三三年（昭和八年）貴族院議長。三七年（昭和十二年）六月、第一次近衛内閣を組織。軍部に押されて支那事変（日中戦争）を起こしたときに「国民政府を相手にせず」という声明を出して戦争を長期化させ、三九年（昭和十四年）に退陣。四〇年（昭和十五年）、第二次近衛内閣で日独伊三国同盟を締結、大政翼賛会などをつくる。四一年（昭和十六年）七月に成立した第三次近衛内閣では日米交渉問題や東条英機との対立から、同十月に総辞職。後継は東条内閣。敗戦後の東久邇内閣で国務相として憲法改正案の起草にも関係したが、戦犯容疑者に指名され、逮捕前に服毒自殺。

（27）頽瀾を既倒に返す

「狂瀾を既倒に廻らす」と同じ。荒れ狂う大波はもとに戻すことはできない。時勢の流れが傾いてしまっているのを、再び、もとの状態に回復する方法はないという意味。

（28）リデル・ハート（一八九五―一九七〇年）

英国の軍事評論家・軍事史家。ケンブリッジ大学在学中に第一次世界大戦が勃発。陸軍に志願して従軍し負傷。一九二七年、陸軍大尉で退役し、軍事研究に取り組む。戦車など機械化された部隊の重要性を強調、正面衝突を避けてスピードを活かして機動的に展開する「間接アプローチ戦略論」の創始者として知られる。三七年から三八年にかけて陸軍大臣顧問となり、英国陸軍の近代化に努めた。ただ、この理論の正しさを実証したのは、第二次世界大戦初期のドイツ軍で、四〇年のフランス西部戦線、オランダ侵攻、ベルギー侵攻などの電撃作戦を成功させた。著書に、『戦略論――間接的アプローチ』『第一次世界大戦』『第二次世界大戦』などがある。

(29) スターリングラードの惨敗→スターリングラードの戦い

第二次世界大戦の帰趨を決めたスターリングラード（現在の地名はボルゴグラード）をめぐるドイツとソ連の攻防戦。四二年八月、ドイツ軍はソ連南部の工業都市スターリングラードの攻撃を開始、九月に占領したが、同年十一月、反攻に出たソ連軍がドイツ軍三十三万人を包囲。以後、大戦中最大の激戦となるが、武器・弾薬・食糧の補給を断たれたドイツ軍はロシアの厳寒の中で力尽き四三年一月三十一日に降伏、二月二日に戦闘は終結した。

(30) 十一月二十六日にアメリカはコンフィデンシャル・テンタテーフを通牒してきた

一九四一年（昭和十六年）、日米交渉の最終段階で、米国のハル国務長官が提案した文書、「ハル・ノート」のこと。日本、米国、英国、ソ連、オランダ、中国による相互不可侵条約の締結、中国・仏印からの日本軍撤退、重慶にある国民政府の支持などを提案したが、東条内閣は米国の「最後通牒」と解釈して、同年十二月一日の御前会議で対米開戦を決める。

(31) 幼年学校→陸軍幼年学校

陸軍将校を目指す少年に軍事教育を施すエリート教育機関。満十三歳から十五歳までの三年教育。年齢的には中学に相当。前身は一八七〇年（明治三年）、大阪兵学寮内に設置された幼年校舎。一八七二年（明治五年）、陸軍幼年学校に改称。東京、大阪、名古屋、仙台、広島、熊本の六校があり、卒業後は陸軍士官学校予科に進んだ。幼年学校、士官学校、陸軍大学校と進むのが陸軍のエリートコースといわれた。一九四五年（昭和二十年）、敗戦で廃校。

（32）五・一五事件

一九三二年（昭和七年）五月十五日、海軍の青年将校が陸軍士官学校生徒などと起こしたクーデター事件。首相官邸、内大臣牧野伸顕邸、政友会本部、警視庁、日本銀行などを襲撃、犬養首相を「問答無用」と射殺した。一方、右翼の橘孝三郎が主宰する愛郷塾生を中心とする農民決死隊は変電所を破壊、東京を暗黒化し、戒厳令を布告させようとしたが、失敗。この事件によって政党内閣は終わりを告げ、斎藤実首相による挙国一致内閣が生まれる。民間人の橘孝三郎は無期懲役だったが、軍法会議は最高で禁固十五年という軽い判決となった。

（33）二・二六事件

一九三六年（昭和十一）二月二十六日未明、皇道派の陸軍青年将校が約千四百人の下士官、兵を率いて起こしたクーデター事件。経済不振や農村の疲弊が続く中で、「昭和維新」の実現を目指して蜂起。斎藤実内大臣、高橋是清蔵相、渡辺錠太郎教育総監を射殺し、鈴木貫太郎侍従長に重傷を負わせ、陸軍省、参謀本部、首相官邸、国会など東京の永田町、三宅坂一帯を占拠した。翌二十七日に戒厳令が布告され、二十八日に天皇による原隊復帰の命令が出され、二十九日には鎮圧される。特設軍事法廷によって、首謀者の将校と、理論的指導者だった北一輝が死刑に。この事件によって、陸軍では皇道派が処分され、統制派が実権を握るとともに、軍の政治的発言力が増していった。

(34) 吉田敬太郎(一八九九―一九八八年＝明治三十二年―昭和六十三年)

政治家・宗教家。東京商大卒業後、三菱金属鉱業、大倉高商講師などを経て一九三六年(昭和十一年)、九州石油を設立。四二年(昭和十七年)、衆議院議員。東条首相を批判したために憲兵隊に逮捕され、軍法会議にかけられ投獄される。連日の拷問に耐えながら、獄中でクリスチャンとなり、半年後に出獄すると牧師に。五一年(昭和二十六年)、若松市長に当選。北九州市発足で初代市長となる。著書に『獄中記』『汝復讐するなかれ』などがある。

(35) 吉田茂(一八七八―一九六七年＝明治十一年―昭和四十二年)

外交官・政治家。東京大学を卒業後、一九〇六年(明治三十九年)外務省に入省。パリ講和会議全権随員、奉天総領事、外務次官、駐イタリア大使、駐英大使などを歴任。第二次世界大戦中は自由主義者、親米親英派とみられ、憲兵隊に逮捕されたこともある。敗戦後は、四五年(昭和二十年)八月の東久邇稔彦、十月の幣原喜重郎両内閣で外務大臣を務め、四六年(昭和二十一年)、鳩山一郎の公職追放の後を受けて自由党総裁に就任し、第一次吉田内閣を組閣、日本国憲法を制定。四七年(昭和二十二年)、選挙で自由党が第二党になり、退陣。四八年(昭和二十三年)十月、芦田均内閣が倒れ、第二次吉田内閣を組織。その後、五四年十二月まで長期政権を樹立。五一年(昭和二十六年)、サンフランシスコ講和会議で講和条約と日米安全保障条約を締結。池田勇人、佐藤栄作など官僚を政界に送り込み、「吉田学校」といわれるほどの人脈を構築、引退後も元老的存在として政府、自民党に影響力を保ち続けた。著書に『回想十年』『大磯随想』『世界と日本』などがある。

(36) 広田弘毅（一八七八―一九四八年＝明治十一年―昭和二十三年）

外交官・政治家。福岡県生まれ、東京大学を卒業後、外務省に入省。欧米局長、駐オランダ公使、駐ソ連大使などを経て、一九三三年（昭和八年）以降、斎藤実、岡田啓介両内閣で外務大臣を務める。三六年（昭和十一年）の二・二六事件後、広田内閣を組閣。陸海軍大臣の現役武官制を復活、日独防共協定を締結するが、翌三七年（昭和十二年）一月に総辞職。同年六月、第一次近衛文麿内閣で外務大臣となり、対中強硬路線をとり、日中戦争（支那事変）の長期化を招いた。三八年（昭和十三年）外相を辞任。四五年（昭和二十年）、ソ連に和平の仲介を工作したが、失敗。戦後はA級戦犯に指名され、極東国際軍事裁判で文官中ただ一人死刑判決を受けた。

(37) 幣原喜重郎（一八七二―一九五一年＝明治五年―昭和二十六年）

外交官・政治家。大阪生まれ、東京大学卒業後、外務省に入省。外務次官、駐米大使などを経て、一九二四年（大正十三年）、加藤高明内閣で外務大臣に。第一次若槻礼次郎、浜口雄幸、第二次若槻内閣でも外務大臣を務め、英米協調主義、中国内政不干渉主義の外交を打ち出し、三〇年（昭和五年）ロンドン軍縮条約を成立させたが、軍部・右翼からは「軟弱外交」と非難を浴びる。三一年（昭和六年）、満州事変の事態収拾に失敗して外務大臣を辞職、政界を引退するが、戦後、四五年（昭和二十年）十月に東久邇内閣の後を受けて幣原内閣を組閣。四六年（昭和二十一年）の天皇人間宣言の起草など、天皇制存続に尽力。その後、進歩党総裁、衆議院議長などを務めた。著書に『外交五十年』などがある。

(38) 岡田啓介(一八六八—一九五二年=明治元年—昭和二十七年)

海軍軍人・政治家。福井県生まれ、海軍大学校卒業。海軍省人事局長、艦政本部長などを経て海軍次官。一九二七年(昭和二年)から田中義一内閣と斎藤実内閣で海軍大臣を務める。浜口内閣時代のロンドン軍縮会議では、軍事参議官として海軍内部のとりまとめに尽力し、条約成立を助けた。三四年(昭和九年)、岡田内閣を組閣。三六年(昭和十一年)、二・二六事件では青年将校の襲撃を受けたが、危うく難を逃れる。四四年には東条内閣打倒工作の中心的役割を担った。

(39) 鈴木貫太郎(一八六七—一九四八年=慶応三年—昭和二十三年)

海軍軍人・政治家。和泉国(大阪府)生まれ、海軍大学校卒業。日清・日露戦争に参加。海軍次官、海軍兵学校校長、連合艦隊司令長官、軍令部長などを経て、一九二九年(昭和四年)、昭和天皇の侍従長に就任したが、二・二六事件で青年将校の襲撃を受けて重傷を負い辞職。四四年(昭和十九年)枢密院議長。四五年(昭和二十年)四月、鈴木内閣を組閣。本土決戦を主張する主戦派を抑え、最終的にポツダム宣言受諾へと至った。同八月十五日、終戦詔勅放送後、内閣総辞職。著書に『鈴木貫太郎自伝』。

(40)「万世のために泰平を開く」

一九四五年(昭和二十年)八月十五日の玉音放送で伝えられた昭和天皇による「終戦の詔勅」の一節。「朕は時運のおもむくところ、耐えがたきを耐え、忍びがたきを忍び、もって万世のために泰平を開かんと欲す」。

(41) 北条時宗（一二五一—一二八四年＝建長三年—弘安七年）

鎌倉幕府の第八代執権。北条時頼の嫡子。通称、相模太郎。一二六八年（文永五年）執権に。元のフビライの通交要求を拒否。一二七四年（文永十一年）と一二八一年（弘安四年）の二度にわたる元寇（文永・弘安の役）を撃退。その後、禅宗に帰依し、鎌倉に円覚寺を建立。執権在任中に死去。

(42) 西郷隆盛（一八二七—一八七七年＝文政十年—明治十年）

幕末・明治の政治家。木戸孝允、大久保利通とともに明治維新三傑のひとり。薩摩藩下級藩士の出身。号は南洲。薩摩藩藩主・島津斉彬に登用されて江戸詰めとなり、水戸の藤田東湖、越前の橋本左内らの知己を得る。一八五八年（安政五年）、安政の大獄で幕府の弾圧を受け、薩摩に逃れ、同志の僧月照と鹿児島湾に入水自殺を図るも果たせず、奄美大島に流刑。一八六二年（文久二年）許されて上洛するが、島津久光の逆鱗に触れて、再び沖永良部島に流刑。その後、許されて帰藩。禁門の変、第一次長州戦争では幕府側についたが、一八六六年（慶応二年）、薩摩藩の代表として長州藩と薩長同盟（薩長連合）を結び、第二次長州戦争では討幕派へ転じた。大久保利通らとともに王政復古を推進、戊辰戦争では征東軍の大総督参謀。勝海舟と会見し、江戸城の無血開城を実現する。明治政府では参議となり廃藩置県を断行、一八七三年（明治六年）、征韓論に敗れて下野。鹿児島に私学校を開く。一八七七年（明治十年）、西南戦争を起こしたが敗れ、鹿児島の城山で自刃。

(43) 木戸孝允（一八三三—一八七七年＝天保四年—明治十年）

幕末・明治の政治家。西郷隆盛、大久保利通とともに明治維新三傑のひとり。長州藩出身。幕末には通称の桂小五郎として知られる。吉田松陰に師事。江戸で剣術、洋式兵術を学び、帰藩後は、尊皇攘夷派の中心的人物に。一八六六年（慶応二年）、坂本龍馬の斡旋で薩長同盟を結び、倒幕運動を展開、王政復古を実現。明治維新後は参与となり、「五ヵ条の御誓文」の起草や、版籍奉還を推進。一八七一年（明治四年）には岩倉遣外使節団の副使。一八七四年（明治七年）、大久保らの台湾出兵に反対し、参議を辞職。七五年（明治八年）、大阪会議で参議に復帰。西南戦争中に京都で病死。『木戸孝允日記』『木戸孝允文書』などを残した。

(44) 大久保利通（一八三〇―一八七八年＝天保元年―明治十一年）

幕末・明治の政治家。西郷隆盛、木戸孝允とともに明治維新三傑のひとり。西郷と同様、薩摩藩下級藩士の出身。島津久光の信任を得て藩政にあたり、公武合体運動を進めたが、後に西郷とともに討幕運動に転じる。薩長連合後、西郷、岩倉具視と組んで、倒幕密勅の降下、王政復古、戊辰戦争などで中心的役割を果たす。維新政府では参議となり、木戸孝允らと版籍奉還、廃藩置県を推進。岩倉遣外使節団の副使として欧米を視察、帰国後は親友であった西郷の征韓論に反対。西郷、木戸が下野した後、一八七三年（明治六年）には内務卿として政府の権力を一手に握り、地租改正や殖産興業を推進。その専制政治には反発も強く、西南戦争の翌年、東京・赤坂の紀尾井坂で不平士族によって暗殺された。『大久保利通日記』『大久保利通文書』などを残した。

(45) 山県有朋（一八三八―一九二二年＝天保九年―大正十一年）

陸軍軍人・政治家。長州藩の下級武士の出身。松下村塾に学び、奇兵隊軍監。戊申戦争に従軍。一八六九年（明治二年）、渡欧し、軍事制度を調査・研究、帰国後は徴兵制度の導入を推進。佐賀の乱、西南戦争に従軍。一八八二年（明治十五年）発布の「軍人勅諭」を起草、一八八三（明治十六年）内務卿、一八八五年（明治十八年）内務大臣となり、地方自治制度の整備に努める。一八八九年（明治二十二年）、第一次山県内閣、一八九八年（明治三十一年）第二次山県内閣を組閣。元老として、長州藩出身の貴族院議員、官僚を中心に山県閥を形成、政治的な影響力を保持した。著書に『懐旧記事』『山県有朋伝』などがある。

(46) 大山巌（一八四二―一九一六年＝天保十三年―大正五年）

陸軍軍人。薩摩藩出身。戊辰戦争に参加した後、一八七一年（明治四年）から欧州に留学。西郷隆盛の従弟だが、西南戦争では政府側で従軍した。一八八〇年（明治十三年）陸軍卿。陸軍では、長州閥の山県有朋に対して、薩摩閥の中心的存在。一八八五年（明治十八年）、伊藤博文内閣の陸軍大臣。日清戦争では第二軍司令官。元帥、参謀総長を経て、日露戦争では、満州軍総司令官として旅順攻略戦、奉天会戦などを勝利に導いた。以後、内大臣を務め、元老に。

(47) 山本権兵衛（一八五二―一九三三年＝嘉永五年―昭和八年）

海軍軍人・政治家。薩摩藩出身。戊辰戦争に薩摩藩士として従軍。一八七四年（明治七年）に海軍兵学寮を卒業。日清戦争に従軍、日露戦争時は海軍大臣。海軍の地位向上に努め、薩摩閥、海軍のリーダー的存在になる。一九一三年（大正二年）、第三次桂内閣の後を受け、第一次山本内閣を組織。軍部大臣の現役制の廃止など、政党政治への道を開く。しかし、海軍での汚職が発覚したシーメンス事件で引責辞任。二三年（大正十二年）九月、第二次山本内閣を組閣したが、翌二四年（大正十三年）一月、難波大助の皇太子暗殺未遂事件（虎ノ門事件）の責任をとって辞職し、政界を引退。

（48）東郷平八郎（一八四七―一九三四年＝弘化四年―昭和九年）

海軍軍人。薩摩藩士として薩英戦争と戊辰戦争に従軍。一八七一年（明治四年）、英国留学。日清戦争では、浪速艦長として豊島沖海戦、黄海海戦に参加。日露戦争では連合艦隊司令長官として、旅順港を封鎖、ロシア海軍極東艦隊を黄海海戦で、バルチック艦隊を日本海海戦で撃滅した。一三年（大正二年）に元帥、一四年（大正三年）には東宮御学問所総裁。日本海海戦の勝利で聖将として国民の人気を集め、海軍の大御所的存在でもあった。

（49）加藤高明（一八六〇―一九二六年＝万延元年―大正十五年）

外交官・政治家。尾張藩生まれ。東京大学を卒業。一八七四年（明治七年）、三菱に入社。三菱財閥創始者である岩崎弥太郎の女婿に。一八八七年（明治二十年）外務省入省、一八九四年（明治二十七年）、駐英特命全権公使となり日英同盟を主張。一九〇〇年（明治三十三年）の第四次伊藤博文から第一次西園寺公望、第三次桂太郎の各内閣で外務大臣。日英同盟締結を実現。桂太郎の死去に伴い立憲同志会総裁。一四年（大正三年）、第二次大隈内閣の外務大臣となり、第一次大戦中には対独開戦や対華二十一カ条要求などの強硬路線を推進する。一六年（大正五年）、憲政会を結成し、総裁。二四年（大正十三年）、内閣首班、普通選挙法、治安維持法を制定。首相在任中に病死。

（50）原敬（一八五六―一九二一年＝安政三年―大正十年）

政治家。陸奥盛岡藩生まれ。司法省法学校中退。郵便報知新聞、大東日報を経て、一八八二年（明治十五年）、外務省へ入省。外務次官、朝鮮公使などを歴任。一八九七年（明治三十年）、大阪毎日新聞社編集総理、翌年に社長に就任。一九〇〇年（明治三十三年）、伊藤博文の立憲政友会（政友会）創立に参加し、第四次伊藤内閣で逓信大臣に就任。一九〇二年（明治三十五年）以降、代議士に連続当選。一四年（大正三年）に政友会総裁、藩閥政治に対抗し、政党政治の確立に努める。一八年（大正七年）、米騒動で寺内内閣が退陣した後、初の政党内閣を組閣、「平民宰相」と呼ばれたが、普通選挙反対、社会運動の弾圧などの強引な政策や党利党略を背景とした汚職事件などの結果、内閣に対する批判も高まり、二一年（大正十年）、東京駅頭で国鉄職員、中岡艮一によって暗殺された。『原敬日記』を残す。

（51）山本条太郎（一八六七―一九三六年＝慶応三年―昭和十一年）

実業家・政治家。福井生まれ。三井物産に入り、上海支店長などを経て、一九〇九年（明治四十二年）常務取締役に就任。辛亥革命では、孫文に対する借款に応じる。一四年（大正三年）のシーメンス事件に連座して引退。二〇年（大正九年）、福井県から衆議院議員に当選。政友会に属し、二七年（昭和二年）、党幹事長。同年から二十九年（昭和四年）まで南満州鉄道（満鉄）総裁を務め、満州（中国東北部）への経済進出に努めた。著書に『山本条太郎論策』などがある。

（52）小磯国昭（一八八〇―一九五〇年＝明治十三年―昭和二十五年）

陸軍軍人・政治家。栃木県生まれ、陸軍大学校を卒業。一九三一年（昭和六年）、陸軍省軍務局長のときに、橋本欣五郎中佐ら陸軍中堅将校がクーデターを計画したが、未遂に終わった三月事件に関与。その後、陸軍次官、関東軍参謀長、朝鮮軍司令官などを歴任。三九年（昭和十四年）、平沼騏一郎内閣で拓務大臣となり、米内光政内閣でも留任、南方進出を強行に進言。四二年（昭和十七年）、朝鮮総督。四四年（昭和十九年）七月、サイパン陥落で東条内閣が倒れた後、首相に就任。局面打開を図るが、果たせず。四五年（昭和二十年）四月に総辞職。A級戦犯となり、極東国際軍事裁判で終身禁固刑。小菅拘置所に収監中に病死。著書に自伝『葛山鴻爪』などがある。

（53）フランクリン・D・ルーズベルト（一八八二―一九四五年）

アメリカ合衆国第三十二代大統領。セオドア・ルーズベルト大統領とは遠縁。ハーバード、コロンビア大学卒業後、弁護士に。一九一〇年、ニューヨーク州上院議員に当選（民主党）。小児麻痺のための一時、政界から退くが、復帰、二九年にニューヨーク州知事。大恐慌の最中、三二年に大統領に当選以来、米国史上初の四選を果たす。三〇年代は経済危機打開へ、ニューディール政策を打ち出し、雇用拡大に尽力。三九年の第二次欧州大戦勃発後は対ソ支援を積極化。日中戦争が拡大するにつれ、対日経済措置を強めていき、四一年の真珠湾攻撃で、日独に宣戦布告。英国のチャーチル、ソ連のスターリンとともに連合国を指導、四五年二月にはヤルタ会談で戦後の国際秩序を決めた。同年四月、戦争終結を見ないまま急死。

（54）ウィンストン・L・S・チャーチル（一八七四―一九六五年）

英国の政治家。名門貴族の出身。陸軍士官学校を卒業。ボーア戦争に新聞記者として従軍。一九〇〇年、保守党から下院議員に当選したが、保護関税法案に反対して自由党に転じる。一九〇八年以降、商相、内相、海相を歴任。海相時代には対独戦に備え海軍の改革に尽力。一七年からは軍需相として第一次世界大戦を勝利に導き、戦後は空相兼陸相として、ロシア革命後の対ソ干渉戦争を指導。二四年、保守党に復帰し、蔵相。三〇年代は党の主流から外れ、不遇の時代となったが、ナチスドイツの台頭を警告、政府の対独宥和政策を非難した。三九年、第二次世界大戦が勃発するや、チェンバレン政権の海相に就任。四〇年には戦時挙国内閣の首相となり、ルーズベルトとともに連合国を勝利に導いたが、四五年の総選挙で労働党に敗れて下野。戦後はいち早く東西冷戦の時代を予見、「鉄のカーテン」という言葉を使い、ソ連を批判した。五一年に再び首相に就任するが、五五年政界を引退。名文の歴史家としても知られ、著書も多く、『第二次大戦回顧録』で五三年のノーベル文学賞を受賞した。

(55) 蒋介石（一八八七―一九七五年）

中国の政治家。中国浙江省生まれ。一九〇七年、日本に留学中、孫文が指導する反清朝の秘密結社、中国同盟会に加入。一一年に辛亥革命が起きると帰国し、従軍。孫文の国民党政府に加わり、二五年の孫文の死後、汪兆銘と並んで実権を握るが、反共色を強める。二七年に南京国民政府を樹立し、主席となり、米英などの支援を得ながら、軍閥との内戦に勝利を収め、二八年には北京を占領し、中国を統一。以後、中国共産党への攻撃を強めるが、三六年の西安事件によって共産党と抗日統一戦線を結成、三七年の日中戦争（日支事変）勃発後は国民政府主席として日本との戦争を指揮した。四五年に対日戦が終結すると、再び共産党との内戦を開始。四八年には中華民国総統となるが、戦況は悪化、中華人民共和国が成立した四九年、台湾に逃れた。

(56)ヨシフ・スターリン(一八七九—一九五三年)

ソ連の政治家。グルジア生まれ。神学校に学ぶが、マルクス主義活動を行ったとして放校。一九〇一年、社会民主労働党の秘密組織に入るが、逮捕され、シベリア流刑。以後、逃亡、逮捕、流刑を繰り返し、職業革命家としてレーニンに認められる。一七年の十月革命、内戦、外国干渉戦争などで指導体制の中枢に参画。二二年に党書記長。二四年にレーニンが死去すると、一国社会主義を提唱し、トロツキー、ブハーリンらを追放し、党と政府を掌握、独裁体制を確立した。工業化と集団化を推進。三〇年代にはスターリンに対する個人崇拝を進め、反対派の大量粛清など暗黒政治に。三九年にはナチスドイツと独ソ不可侵条約を結ぶが、四一年には独ソ開戦。同年、首相に就任。四五年には大元帥。戦後も世界の共産主義の指導者として権勢を振るったが、死後、五六年にフルシチョフ書記長がスターリン批判を展開した。スターリンは「鉄の人」を意味。本名は、ヨシフ・ヴィサリオノヴィチ・ジュガシヴィリ。著書に『レーニン主義の基礎』『マルクス主義と民族問題』など。

(57)ベニート・ムッソリーニ(一八八三—一九四五年)

イタリアの政治家。ファシズムの指導者。一九〇〇年、社会党に入党。小学校教員になるが、演説の名手として頭角を現し、一二年には党機関誌「アバンティ」の編集長に就任。第一次世界大戦前には反戦を主張したが、一四年に大戦が勃発すると参戦論に転じ、党を除名される。大戦後、戦闘ファッシを結成。ファシズム運動を展開。二一年、国民ファシスト党に改組し、首領(ドゥーチェ)に就任。二二年、ローマ進軍といわれるクーデターを起こして首相に就任。二六年には、国民ファシスト党以外の政党を非合法化して一党独裁体制を確立。三五年にはエチオピアを侵略、国際的に孤立すると、ナチスドイツと接近、スペイン内乱ではフランコ政権支持で介入。三七年、日独伊防共協定締結。四〇年、自ら軍最高司令官となり、第二次世界大戦に参戦。四三年に失脚、逮捕されるが、ドイツ軍に救出され、イタリア社会共和国を樹立。大戦末期の四五年四月、スイスへの逃亡途中、パルチザンに逮捕され、愛人とともに銃殺。

(58) 住井某→住井辰男（一八八一年―一九六二年＝明治十四年―昭和三十七年）

実業家、三井財閥の筆頭理事。三重県生まれ。三井物産会長、三井造船専務、重要物資管理営団理事長、交易営団副総裁などを歴任。三井本社常務理事を務めていた一九四五年（昭和二十年）、日本経済の民主化を推進しようとするGHQ（連合国総司令部）から財閥解体の指令を受け、三井財閥の幕を引く役回りを演じた。

(59) 船田某→船田一雄（一八七七―一九五〇＝明治十年―昭和二十五年）

実業家、三菱財閥理事長。愛媛県生まれ。東京大学卒業。一九〇八年（明治四十一年）に検事に任用されるが、一一年（明治四十四年）に辞任して三菱財閥の中枢である三菱合資（後の三菱本社）に入社。三菱鉱業で労務管理に辣腕を振るい、テクノクラートとしての優秀さによって、三菱鉱業常務、三菱商事会長などを経て、四三年（昭和十八年）、三菱財閥の中枢である三菱本社の取締役理事長に就任、四代目総帥の岩崎小弥太社長を支えた。敗戦後、米占領軍の財閥解体に伴い、四五年（昭和二十年）十一月、三菱本社の株主総会で、財閥解体を宣言、三菱財閥の幕引き役となった。このとき、船田は三菱本社理事長のほか、三菱重工業、電機、鉱業、銀行、倉庫、日本アルミ、日本郵船、東京海上、明治生命の取締役を務めていたが、すべて辞任した。

(60) 渋沢栄一（一八四〇―一九三一年＝天保十一年―昭和六年）

実業家。武蔵国（埼玉県）の豪農に生まれる。討幕運動に参加したが、一八六四年（元治元年）、一橋家に仕え、一八六六年（慶応二年）、慶喜が徳川将軍になると幕臣に。一八六七年（慶応三年）パリ万国博覧会に随行員として渡欧。明治維新後に帰国し、大蔵省に入り、国立銀行条例制定をはじめ、租税、貨幣、銀行制度などの整備に活躍。一八七三年（明治六年）退官後、実業界に転じ、日本最初の銀行である第一国立銀行や王子製紙、大阪紡績会社など、五百社を超える会社の設立に関与。朝鮮や中国へも事業展開するなど、日本の資本主義の基礎を築く。一九一六年（大正五年）、実業界から引退、教育事業や社会事業に力を尽くす。著書に『雨夜譚』『論語と算盤』など。

(61) 井上準之助（一八六九―一九三二年＝明治二年―昭和七年）

日本銀行総裁、大蔵大臣。大分県生まれ。東京大学卒業後、日本銀行に入行。英国、米国に遊学。横浜正金銀行頭取を経て一九一九年（大正八年）、日本銀行総裁に就任。二三年（大正十二年）、第二次山本権兵衛内閣の大蔵大臣。二七年（昭和二年）、再び日銀総裁に就任。二九年（昭和四年）、浜口雄幸内閣、第二次若槻礼次郎内閣で大蔵大臣。金本位制への復帰を目指し、「井上財政」といわれる緊縮デフレ財政政策を推進、金解禁に踏み切るが、ニューヨーク株式相場の大暴落に端を発した世界大恐慌も加わり、不況は深刻化した。社会不安が高まる中、一人一殺主義を唱える右翼団体、血盟団の小沼正に暗殺された。著書に『戦後に於ける我国の経済及金融』などがある。

◇どのようにして戦いに敗れたのか

(1) 満鉄

南満州鉄道株式会社の略称。日本の満州経営の中核となっていた半官半民の国策会社。日露戦争の勝利によって、ロシアから得た東清鉄道の一部(長春─旅順)や炭鉱などの利権を経営するため、一九〇六年(明治三十九年)に設立されたもので、初代総裁は後藤新平。事業領域は鉄道、鉱工業、商業、拓殖、調査などの分野に広がり、活動地域も満州事変以後は全満州に拡大、一大コンツェルンとなった。四五年(昭和二十年)、敗戦により、中国に全資産を接収された。

(2) 山下奉文(一八八五─一九四六年=明治十八年─昭和二十一年)

陸軍軍人。高知県生まれ、陸軍大学校を卒業。軍事研究員としてスイス、ドイツに駐在。オーストリア駐在武官、陸軍省軍務局軍事課長、北支方面軍参謀長、陸軍航空総監などを経て、四一年(昭和十六年)、第二十五軍司令官として太平洋戦争(大東亜戦争)開戦とともにマレー半島上陸作戦を指揮、英軍の拠点となっていたシンガポールを一気に占領。「マレーの虎」の異名をとる。四四年(昭和十九年)、フィリピンを防衛する第十四方面軍司令官となり、四五年(昭和二十年)、敗戦とともに降伏。四六年

（昭和二十一年）、マニラ軍事法廷で戦争犯罪で有罪判決、絞首刑となる。

（3）「紀元は二千六百年」→奉祝国民歌「紀元二千六百年」

一九四〇年（昭和十五年）は神武天皇即位から二千六百年目にあたるということから、皇紀二千六百年を祝って作られた増田好生作詞、森義八郎作曲の歌。この年の十一月十日、東京・宮城前広場では、政府主催による紀元二六〇〇年の祝賀記念式典が開催された。天皇、皇后、皇族、首相、軍人、官僚、外国大使、各地方の代表など、約五万人が参加した。

（4）エリッヒ・ルーデンドルフ（一八六五―一九三七年）

ドイツの軍人。第一次世界大戦では、一九一四年に参謀将校として仏リエージュ要塞占領に貢献、東部戦線の第八軍参謀長としてヒンデンブルクを補佐、タンネンベルクの戦いで勝利を収める。一六年には、ヒンデンブルクが参謀総長、ルーデンドルフが参謀次長となり、総力戦体制をつくる。第一次大戦後は、国内の裏切りからドイツは敗北したと主張し、反共和国的色彩を強め、二三年にはヒトラーとともにミュンヘン一揆を起こす。その後、ヒトラーとも離れ、政治活動から遠ざかった。著書に『国家総力戦』。

（5）大東亜共栄圏の四大原則

大東亜共同宣言で打ち出された原則。正しくは五大原則。一九四三年（昭和十八年）十一月、東京で、日本占領下のアジア各国の代表が集まり、大東亜会議が開かれた。出席者は、東条英機（日本）、張景恵（満州国）、汪兆銘（中国・南京政府）、ワンワイタヤコン（タイ）、ラウレル（フィリピン）、バモー（ビルマ）、チャンドラ・ボース（自由インド仮政府）で、会議後、共存共栄、自主独立尊重、文化の高揚、互恵提携による経済発展、人種差別の撤廃の五大原則をうたった共同宣言を発表した。

（6）大西洋宣言

大西洋憲章のこと。一九四一年（昭和十六年）八月十四日、ルーズベルト（米大統領）とチャーチル（英首相）による共同宣言として発表された第二次大戦後の世界秩序に関する基本原則。領土不拡大、民族自決、侵略された国家の主権・自治の回復、戦勝国・戦敗国を問わない通商・資源の均等開放などを掲げた。一九四二年（昭和十七年）には連合国二十六カ国が連合国共同宣言で、大西洋憲章の目的と原則に賛意を示し、国連憲章の基礎になった。

（7）ビスカウント・ノースクリフ（一八六五―一九二二年）

英国の新聞人。大衆紙の創始者。アイルランド生まれ。一八八八年に、読者の投書に回答する新聞を創刊して成功、一八九四年に「ロンドン・イブニング・ニューズ」を買収して再建。一八九六年に大衆紙の先駆となる「デイリー・メール」を創刊して成功を収め、その後、「デイリー・ミラー」、「オブザーバー」を相次いで買収するなど新聞帝国を築く。一九〇八年には当時、衰退していた、名門紙「タイムズ」の経営権を握り、復活させるが、紙面を私物化したとの批判もある。第一次大戦では、軍需生産体制強化のために新聞紙上でキャンペーンを張り、軍需省の設立に貢献。一七年に英国軍事使節団の団長として米国に渡り、一八年には対敵国宣伝部長となり、ドイツにおける反戦・反軍気分を高めるための情報戦を展開した。

（8）中島飛行機

日本で初めての民間航空機製造会社。一九一七年（大正六年）、中島知久平が設立。軍の保護と三井物産、日本興業銀行の支援を得て拡大。「九七式艦上攻撃機」や陸軍戦闘機の「隼」「鍾馗」「疾風」などを製造。零戦のエンジン「栄」も中島製。四五年（昭和二十年）六月には日本初のジェット戦闘機「橘花」を完成、八月に初飛行に成功した。同年、軍需工場として国有化され、敗戦後に返還されるが、財閥解体で分割。その中の主要企業が合併し、五三年（昭和二十八年）に富士重工業が設立された。

（9）徴用

戦時体制に伴う労働力不足を補うため、国民を徴集し、政府が指定する業務や生産活動に強制的に従事させること。日中戦争の拡大とともに総力戦の色彩が濃くなり、政府は一九三八年（昭和十三年）に国家総動員法を制定、翌三九年（昭和十四年）には国民徴用令が発布された。四一年（昭和十六年）の対英米開戦以降は軍需工場への徴用が拡大した。四五年（昭和二十年）に国民徴用令は国民勤労動員令に吸収統合された。船員については四〇年（昭和十五年）に船員徴用令が発布されている。

（10）学徒動員

学徒勤労動員。戦争中、労働力の不足を補うために、学生・生徒を強制的に生産・建設活動に従事させた。一九三八年（昭和十三年）から学生・生徒は夏休みに三―五日の勤労奉仕を義務づけられていたが、四三年（昭和十八年）、東条内閣は中等学校三年以上の男子については、戦技訓練、特技訓練、防空訓練、特攻隊・特別警備隊としての訓練、同女子は、戦時救護訓練など、学校での軍事教練強化を打ち出した。さらに、勤労動員も長期化、四四年（昭和十九年）四月以降は、中等学校三年以上は理科系学生など一部を除き、総動員され、学校教育はほとんど機能を停止した。

◇科学無き者の最後

（1）原子爆弾

ウラン二三五、プルトニウム二三九などの原子核分裂を利用した大量破壊兵器。第二次世界大戦中、ドイツでは、核分裂発見の翌一九三九年から、英国では四〇年から原子爆弾の開発が始まった。米国でも三九年に、アインシュタインが大統領のルーズベルトにドイツの原爆開発を警告、核分裂の研究を始めるが、「マンハッタン計画」と命名された原爆開発計画がスタートしたのは四二年夏と遅れた。四三年にルーズベルトとチャーチルの米英首脳会談によって原爆開発を米国に一本化、ニューメキシコ州ロス・アラモスに研究所を設立、ドイツからの亡命科学者をはじめ、英米の英知を集め、研究を推進。ドイツ敗戦後の四五年七月十六日に、ニューメキシコ州アラモゴードの荒野で、人類史上初の原子爆弾による実験が成功。同年八月六日に広島市にウラン二三五型、八月九日に長崎にプルトニウム二三九型の原子爆弾が投下された。

(2) 特攻隊

特別攻撃隊の略称で、戦闘機による体当たり自爆攻撃のために特別編成された部隊。その攻撃を「特攻」という。一九四四年(昭和十九年)のレイテ沖海戦で、第一航空艦隊司令長官の大西滝治郎が発案、「神風特別攻撃隊」と命名して編成、米軍艦艇に突入した。その後、戦況が悪化し、通常の方法では米軍に対抗できなくなると、恒常的な戦法となり、米軍から「カミカゼ」と恐れられた。四五年(昭和二十年)四—五月の沖縄戦では陸海軍による大規模な航空機による特攻が行われたが、米軍の対応策も進歩し、次第に戦果は低下していった。なお、特攻は、戦闘機によるものばかりでなく、人間魚雷「回天」、特攻艇「震洋」、ロケット機「桜花」などもあった。

(3) ウラン二三五と二三八

ウランは放射性元素の一つで、ウラニウムともいう。天然ウランの中には、ウラン二三四、二三五、二三八の三種が含まれる。このうち、ウラン二三五は、遅い中性子を衝突させると核分裂を起こし、膨大なエネルギーを放出する。一方、ウラン二三八は核分裂性物質ではないが、原子炉で核分裂の連鎖反応が起こっているなかに置かれると、中性子を捕獲し、核分裂性のプルトニウム二三九に変化する。ウラン二三五とプルトニウムが原爆の原料となったが、ウラン二三五は、天然ウランの中には約〇・七パーセントしか含まれないため、原爆製造には分離、濃縮が必要となり、ウラン二三八からプルトニウムを得るには原子炉で生成しなければならず、これが原爆開発にあたっての技術的な課題となっていた。

（4）東京空襲

東京の初空襲は一九四二年（昭和十七年）四月十八日、米軍空母から発進したドゥリトル爆撃隊による奇襲攻撃。サイパンなどが陥落して米軍による長距離爆撃体制が整うと、四四年（昭和一九年）十一月二十四日からは連日のように爆撃が続いた。当初は、軍需工場を目標としていたが、四五年（昭和二十年）からは都市を焼き払う無差別爆撃となり、三月十日未明の東京大空襲では、B29による夜間焼夷弾無差別爆撃の結果、一日だけで十万人近い死者を出した。

（5）アッツ島の山崎大佐の玉砕

アリューシャン列島の最西端のアッツ島は一九四二年（昭和十七年）に日本軍が占領したが、四三年（昭和十八年）五月十二日に米軍一万五千人が上陸。山崎保代・陸軍大佐が率いる日本軍守備隊二千五百人は支援もないまま、二十九日に全滅した。大本営が「玉砕」という言葉を使った初めての戦い。

（6）城下の盟い

敵の首都まで攻め込んで結ぶ講和の約束。

◇日本における陸軍国と海軍国

（1）サイパン

西太平洋マリアナ諸島にあり、グアム島の北に位置する。現在は米国の自治領。一五六五年にスペイン人レガスピが上陸し、スペイン領に。その後、一八九九年にスペインが売却、ドイツ領となるが、第一次世界大戦で日本の南洋委任統治領になり、日本人の移住が進んだ。太平洋戦争の戦略的要衝で、一九四四年（昭和十九年）六月、米軍が上陸。日本軍は補給も得られぬまま島の北部に追いつめられて七月に玉砕。日本人移住者の自決など、民間にも多くの犠牲者が出た。サイパンの占領により、米軍は日本本土空襲の基地を確保。これ以降、日本では大都市の空襲が本格化する。

（2）戦艦の殴り込み

世界最大の戦艦、大和を中心とした連合艦隊の残存海上部隊による沖縄への海上特攻。一九四五年（昭和二十年）四月、沖縄に上陸した米軍を撃退するため、戦艦を海岸に乗り上げさせ、その主砲を砲台としようという特攻作戦。大和は片道の燃料だけを積んで沖縄へ向けて出撃したが、米軍機動部隊艦載機の攻撃を受け、九州南方で沈没した。

（3）生蕃

台湾の原住民諸民族。清朝以降、台湾の原住民のうち漢族に同化したものを「熟蕃」、同化しなかったものを「生蕃」と呼んだ。日本の統治時代は、「生蕃」を「高砂族」と改称し、国民党は「高山族」

と呼んだ。

（4）日鉄

半官半民の巨大鉄鋼会社、日本製鉄株式会社の略称。戦時体制が強まる中で、鉄鋼業の大合同が打ち出され、一九三四年（昭和九年）、官営八幡製鉄所を中心に、三菱・三井財閥系の銑鉄会社三社と九州製鋼、富士製鋼が合同して設立された（後に、東洋製鉄が参加）。日本鋼管などの優良製鋼会社は参加しなかったが、それでも粗鋼生産能力は日本の六割近くを占めた。戦後、財閥解体で、八幡製鉄、富士製鉄、日鉄汽船、播磨耐火煉瓦に分割されたが、八幡、富士は七〇年（昭和四十五年）に合併、新日本製鉄（新日鉄）となった。

（5）レフ・ダビドビッチ・トロツキー（**一八七九―一九四〇年**）

ロシアの革命家。ウクライナ生まれのロシア系ユダヤ人。早くから革命運動に入り、シベリア流刑のあと脱走、一九〇二年に英国に亡命、レーニンと出会う。一九〇五年、第一次ロシア革命ではペテルブルグ・ソビエト議長に就任するが、革命に失敗し、逮捕され流刑。再び脱走し、ウィーンに亡命。第一次大戦中は反戦派になり一時、米国へ渡るが、一七年にロシア二月革命が起きると、帰国。レーニンに説得され、ボリシェビキ派に入り、十月革命を指導。その後、軍事人民委員となり、赤軍の設立、強化に尽力。レーニンの死後、スターリンとの対立を深め、二五年には軍事人民委員を解任され、党除名の後、二九年に国外追放処分。トルコ、フランス、ノルウェー、メキシコと世界を転々としながら、スターリン・ソ連批判、ナチズム批判など積極的な執筆活動を続ける。四〇年八月、メキシコの自宅書斎で、スターリンの手先に暗殺された。永久革命論の主唱者であり、著書に『わが生涯』『ロシア革命史』『裏切られた革命』など。

（6）ロマノフ王朝

一六一三年から一九一七年までロシアを支配した王朝。ピュートル大帝とエカテリーナ大帝によって、専制政治を中心としたロシア帝国の基礎ができた。最後の皇帝は十八人目のニコライ二世。一八九一年、皇太子時代に日本訪問中、警備の巡査に斬りつけられる（大津事件）。九四年に皇帝に即位し、極東への拡張を図るが、日露戦争（一九〇四―一九〇五年）で頓挫。国内の社会不安も高まり、一九〇五年に第一次ロシア革命が起きると、議会を開設したが、専制にこだわり、議会と対立した。さらに皇后と神秘主義者の怪僧ラスプーチンのスキャンダルなどもあり、皇帝の権威は低下。一四年に第一次大戦が勃発すると、さらに社会不安は増幅され、一七年には二月革命が起こり、三月に退位、ロマノフ王朝は途絶えた。十月革命後は、革命政権によってエカチェリンブルグに移送され、一八年、反革命軍との戦いが激化するなかで、ニコライ二世は皇后、子供とともに処刑された。

◇ポツダム宣言の政治性を読む

（1）ロビンソン・クルーソー

英国のジャーナリストで小説家のダニエル・デフォーの小説の主人公。小説の正しい題名は『ロビンソン・クルーソーの生涯と奇しくも驚くべき冒険』で、一七一九年に出版された。航海の途中、遭難、着の身着のままで無人島に漂着したロビンソン・クルーソーは自らの創意工夫と努力で自給自足の生活を送り、従僕フライデーとの出会いなどを経て、最後は救出されて、英国に帰国するまでの物語。

（2）徳川慶喜（一八三七―一九一三年＝天保八年―大正二年）

徳川幕府第十五代、最後の将軍。徳川斉昭の七男として水戸徳川家に生まれた。一八四七年（弘化四年）一橋家を相続。一八六六年（慶応二年）、徳川家茂の死により第十五代の徳川将軍に。一八六七年（慶応三年）十月、京都で大政奉還を行い、朝廷に政権を返上、自ら徳川幕府の幕を引くことで、討幕派の機先を制したが、同年十二月に王政復古で武力討幕派が巻き返し、大坂城に退いた。翌年一月、鳥羽伏見の戦いに敗れると、江戸に戻り、上野・寛永寺にこもり、恭順の意を示した。同年四月に江戸城開城。その後は静岡に移住したが、一八九七年（明治三十年）には東京に戻った。

（3）ソ連の参戦

一九四五年（昭和二十年）八月のソ連の対日参戦。日本はソ連との間で、四一年（昭和十六年）四月に日ソ中立条約を締結した。相互領土不可侵、相手国が第三国と戦争状態になっても中立を保つというもので、有効期間は五年だった。ソ連は四五年二月のヤルタ会談で、米英両国とドイツ敗戦後の対日参戦に関する秘密協定を結び、同年四月には条約の延長を行わないことを日本側に通告した。そして、同年八月八日に宣戦を布告、翌九日午前〇時過ぎ、満州への攻撃を開始した。陸軍は精鋭部隊を南方戦線に回していたため、ソ連の攻撃で瓦解。現地に取り残された日本人開拓団には多くの犠牲が出た。また敗戦によってソ連軍の捕虜となった将兵はシベリアなどの強制労働に送られた。外交面でも、中立国としてソ連に、連合国との和平の仲介を期待する動きもあったが、そうした最後の望みも断たれた。

(4) ポツダム宣言

一九四五年(昭和二十年)七月二十六日、米英中三カ国によって発表された、日本に降伏を迫る共同宣言。ドイツ敗戦後、ベルリン郊外のポツダムで開かれたトルーマン(米大統領)、チャーチル(英首相)、スターリン(ソ連首相)の三カ国首脳会議で決定されたあと、蒋介石(中華民国総統)の合意を得て決められた。ソ連は八月八日の対日宣戦布告後に署名した。軍国主義の除去、軍隊の解体、戦争犯罪人の処罰など戦争終結の条件を示したものだが、日本の鈴木貫太郎内閣は、本土決戦を主張する軍部主戦派の圧力によって宣言を「黙殺」。米国による広島、長崎への原爆投下とソ連の対日参戦の道を開くことになった。結局、八月十四日にポツダム宣言の受諾が決まり、戦争は終結した。ポツダム宣言は対日占領政策の基本となった。

(5) フリードリヒ大王(一七一二―一七八六年)

プロイセン国王、フリードリヒ二世。大国としてのプロイセンの地位を確立した啓蒙君主で、フリードリヒ大王は通称。一七四〇年から八六年まで在位。一七四〇年から一七四八年にかけてマリア・テレジアのオーストリア継承をめぐって起きたオーストリア継承戦争に勝ちシュレジエン地方を併合、一七五六年から一七六三年までの七年戦争では、英国の支援を受けながら、オーストリア、ザクセン、フランス、ロシアなど欧州列強諸国を相手に戦い抜き、プロイセンの地位を固めた。外交・軍事的な才能を発揮し、領土の拡大を進める一方、内政面では、農業・産業の育成や司法、行政の近代化などに尽力した。フランス風の文化、芸術を好み、ポツダムに建設されたサンスーシー宮殿はロココ様式が特徴の夏の離宮で、フランスのボルテールら思想家、芸術家が招待された。「サンスーシー」はフランス語で「憂いなし」という意味で、一七四五年から四七年にかけて建設された。

(6) 戦争犯罪人

第二次大戦後、連合国の軍事裁判によって戦争犯罪を訴追、処罰された者。戦犯ともいう。戦争犯罪としては、従来からあった戦時国際法に違反した「通例の戦争犯罪」に加え、侵略戦争の計画、準備、実行に関与した「平和に対する罪」、非人道的な殺害・虐待行為などに関する「人道に対する罪」が新たに規定された。戦犯はA級、B級、C級の三種類に分かれ、A級戦犯は「平和に対する罪」で訴追された軍首脳、政治家などの戦争指導者で、ドイツではニュルンベルク、日本では東京に設置された国際軍事裁判所で裁かれた。B級は「通例の戦争犯罪」、C級は「人道に対する犯罪」で、BC級戦犯の裁判は、米国、英国、中国、豪州、フィリピン、フランス、オランダなど連合国各国の軍事法廷で行われたが、裁判の実施にあたっては事実認定や情状面などで問題のあるケースもあった。

(7) 真珠湾攻撃

真珠湾（パールハーバー）はハワイ州オアフ島にある米海軍の拠点。一九四一年（昭和十六年）十二月八日（米国時間十二月七日）、赤城ほか空母六隻を中心とした日本海軍機動部隊は真珠湾にある米海軍太平洋艦隊と航空基地を奇襲攻撃、戦艦、航空機に多大な損害を与えた。この攻撃によって太平洋戦争が始まった。航空機主力の画期的な作戦でもあり、初戦の大戦果に日本国内は沸いた。ただ、計画では、真珠湾攻撃の三十分前に米国側に対米最後通告をすることになっていたが、駐米大使館の作業の遅れのために通告は攻撃後となった。このため、日米交渉中の宣戦布告なき攻撃に米国民は憤激、対日・対独戦へ国論が統一された。

（8）クリミヤ宣言

一九四五年（昭和二十年）二月にクリミア半島のヤルタで、ルーズベルト、チャーチル、スターリンによる米英ソ首脳会談（ヤルタ会談）が開かれた。この会談直後に発表された共同宣言。ヤルタ会談では、日独敗戦後の国際秩序について話し合われ、ソ連参戦に関するヤルタ秘密協定も結ばれたが、この内容が米国の国務省から公表されたのは、永野が「敗戦真相記」を出版した後の四六年（昭和二十一年）二月だった。

◇米英中ソ、四カ国の行方を見る

（1）暴虎馮河

虎を素手で打って、黄河を徒歩で渡るという意味で、命知らずのことをすること、血気にはやること。

（2）ポーツマス条約

一九〇五年（明治三十八年）九月五日に締結された日露戦争の講和条約。米国大統領のセオドア・ルーズベルトの斡旋によって、ニューハンプシャー州ポーツマスで日本の首席全権、小村寿太郎とロシアの全権ウィッテが調印した。満州、韓国の権益を確保、北緯五〇度以南の樺太（サハリン）の領有権を得たが、賠償金がないことなどで国民の不満は強かった。（132ページの「日比谷焼き打ち事件」を参照）

（3）ピーター大帝（一六七二―一七二五年）

ロシア皇帝、ピュートル一世のこと。一六八二年に即位。英国、オランダなどを視察、西欧の技術、科学、文化をロシアに導入、教育機関の設立、科学の振興、産業の育成、軍の近代化など富国強兵政策を進めた。一六九六年にロシア最初の海軍を創設、オスマン帝国からアゾフ要塞を奪い、アゾフ海の制海権と黒海への出口を確保。一七〇〇年から一七二一年にわたるスウェーデンとの北方戦争では、新たに創設したバルチック艦隊と近代化した陸軍の軍事力によってバルト海への進出に成功、欧州の大国として国際的地位を高めた。その後もカスピ海沿岸に領土を拡大、東方への展開に関心を持った。一七二一年に皇帝を名乗り、ロシア帝国の建設者となり、絶対主義国家化を推し進めた。過激な改革と重税のために民衆の反乱も相次いだ。

（4）ダーダネルス、ボスポラス

トルコ北西部にあり、欧州とアジアを分断する海峡。ダーダネルスはエーゲ海とマルマラ海を結ぶ海峡で、ボスポラス海峡を経て、黒海へとつながる。ダーダネルス、ボスポラスは、ロシアからみると、黒海から地中海へ進出するための交通の要衝で、軍艦の通航権をめぐって、十八世紀から十九世紀にかけてはオスマン帝国との間で、十九世紀から第一次世界大戦にかけては黒海にロシアを封じ込めようとする英国との間で対立が生まれた。

（5）ハリー・S・トルーマン（一八八四―一九七二年）

アメリカ合衆国第三十三代大統領。ミズーリ州生まれ。第一次大戦に従軍後、民主党に入り、郡判事を経て、一九三四年に連邦上院議員。四五年四月、ルーズベルト大統領の死去により副大統領から昇格。ポツダム宣言、原爆の投下など戦争終結と戦後処理にあたる。四七年には、ソ連に対する封じ込め政策といえる「トルーマン・ドクトリン」を打ち出し、西欧経済復興援助のために「マーシャル・プラン」を展開、軍事面では四九年にNATO（北大西洋条約機構）を結成した。内政面では、ニューディールの継承・発展をめざすフェアディールを提唱。四八年に大統領に再選され、五〇年からは朝鮮戦争に国連軍として参戦。中国への戦争拡大を主張するマッカーサーを五一年に国連軍司令官などから解任、休戦交渉への道を開いた。五三年一月に任期満了で大統領を退任し、政界を引退。

（6）日英同盟

日露戦争前の一九〇二年（明治三十五年）、帝政ロシアのアジア進出に対抗するために締結された日本と英国の軍事同盟条約。日本は英国の清国に対する権益を、英国は日本の韓国に対する権益を認め、日英いずれかが第三国と戦争状態に入ったときは、中立を守ることなどが盛り込まれた。日露戦争後、日本、ロシア、英国の関係も変化し、同盟が牽制する対象はロシアからドイツに変わり、修正が加えられながら、同盟は延長された。一四年（大正三年）の第一次大戦参戦は、日英同盟上の義務を理由に行われたが、大戦後、アジア太平洋地域の権益をめぐり日本と英米は対立。太平洋に保有する日米英仏各国の領土の現状維持などを定めた四カ国条約の締結に伴い、二三年に日英同盟は失効した。

(7) ビルマルート

日中戦争中、中国に対する支援諸国からの補給ルート。蒋介石率いる国民党政府は一九三七年（昭和十二年）に首都・南京が日本軍に占領されると、中国西南部の中核都市、重慶に本拠を移し、抵日戦を継続、これを支援するために武器・弾薬などの物資を外国から運び込む輸送ルートがつくられた。蒋介石政権支援ルートということで、日本側では「援蒋ルート」と呼んでいたが、これには、ビルマルート、仏印（フランス領インドシナ）ルート、沿岸ルートのほか、ソ連から西安に至る西安ルートなどがあった。日本は重慶攻略のために、四〇年（昭和十五年）、英国に英領ビルマ経由のルートの閉鎖を要求、英国は同年七月から三カ月間、ルートを閉鎖した。しかし、九月に日本が北部仏印に進駐して日英関係は悪化。十月に英国はビルマルートを再開した。太平洋戦争の開戦後、四二年（昭和十七年）に日本軍がビルマに入ってからは、インドルートが開設された。

◇日本の将来はどうなるか

(1) ナイロン産業

ナイロンは世界で初めて工業的に生産された合成繊維。米デュポン社が一九三八年（昭和十三年）に開発したポリアミド繊維で、ナイロンは商品名。絹のような光沢を持ち、強度に優れるなどの特徴を持つ。翌年にナイロン・ストッキングとして発売した。靴下や衣服ばかりでなく、パラシュートやロープなどにも使われた。太平洋戦争が勃発すると、日本からの絹の輸入が止まったこともあり、米国では絹の代替品としてナイロンが大量生産されるようになり、ナイロンに代表される石油化学産業の基盤が形成されることになった。

(2) ダグラス・マッカーサー（一八八〇―一九六四年）

米国の軍人。アーカンソー州生まれ。一九〇三年、ウェストポイント陸軍士官学校卒業。三〇年、陸軍参謀総長。三五年、フィリピン軍事顧問。三七年に退役したが、日米関係の緊迫に伴い、四一年七月、米極東軍司令官として現役に復帰。四二年、フィリピンに上陸した日本軍に敗退、オーストラリアへ脱出して対日反攻作戦を指揮。四四年にフィリピン・レイテ島に上陸。同年、元帥。戦争終結とともに連合国最高司令官として憲法改正など対日占領政策を指揮。当初は民主化、改革に重点が置かれていたが、米ソ冷戦の深刻化とともに反共色を強めた。五〇年に朝鮮戦争が勃発すると、国連軍最高司令官となり、作戦を指揮するが、中国本土攻撃を主張して、トルーマン大統領と対立、五一年に解任される。著書に『マッカーサー回想記』がある。

●参考文献

リデル・ハート『第一次世界大戦』(フジ出版社)、三島康雄編『日本財閥経営史・三菱財閥』(日本経済新聞社)、三國一朗『戦中用語集』(岩波書店)、『現代人物事典』(朝日新聞社)、『Ｗｅｂ ＷＨＯ』(日外アソシエーツ)、『世界大百科事典』(平凡社)、『日本大百科全書』(小学館)、『マイペディア』(小学館)、『エンカルタ』(マイクロソフト)、『日本全史』(講談社)、『二〇世紀全記録』(講談社)、『広辞林第四版』(岩波書店)、『漢語林』(大修館書店)、『コンサイス人名事典日本編』(三省堂書店)『コンサイス外国人名事典』(三省堂書店)、『日本と世界の人名事典縮刷版』(むさし書房)、『別冊一億人の昭和史「昭和史事典」』(毎日新聞社)、『朝日新聞縮刷版』(朝日新聞社)、など

『敗戦真相記』を読む

田勢康弘

主である私にしか物の所在がわからないほど本や資料が乱雑に積み上げられたオフィスの机で、机を離れたときにでもどこにあるか無意識のうちに掌握しているのが、ぼろぼろになった『敗戦真相記』のコピーである。

朽ち果てそうになってはコピーを繰り返し、いまあるコピーの束はおそらく四代目ぐらいにはなるだろう。何度読み返したことか。どれだけたくさんの人にこのコピーを手渡したことか。

私の手許にくるまでに何度かコピーされているために、活字は滲んだようになって読みにくい。敗戦直後に本になったものだから、それでなくとも半世紀以上も前のものなのである。

著者である永野護について私が知っていることといえば、永野重雄ら広島の永野兄弟の長兄で、たしか岸信介内閣だったかで運輸大臣をした人、実業界と政界の境界線のようなところに棲息していたいささか胡散臭そうな人、という程度の知識であった。

永野なる人物がどういう人物であるかは、この際、さほど重要とは考えない。私がこれから述べようとするのは、あくまで彼が終戦の翌月、原爆投下の広島で行った講演の速記録をもとに加筆修正し、昭和二十一年元日、書物の形にして発行した『敗戦真相記』についてである。

永野については毀誉褒貶相半ばするようなところがある。したがって、彼の人物論の上に『真相記』について語ることは、ときに冷静な分析を妨げることになるような気がする。永野が実に立派な人物であった、と記しても、また稀代の悪人であったと評しても、結果は同じことで、読者に先入観を植え付けることにしか役立たない。


「こんなものがあるのだけれど」と『真相記』のコピーの束を私にくれたのは、たしかかつての私の同僚で、いまは雑誌『ファクタ』の編集長をしている阿部重夫氏であったように思う。阿部氏は、われわれの共通の友人でもあり同僚でもある永野護の孫にあたる永野健二氏から手に入れたのだと思う。

あるいは直接、永野健二氏が私にくれたものだったかもしれない。いずれにしろこの『真相記』は、知的関心の方向がまったく違うわれわれの人間関係をつなぐ重要な存在であり続けた。

「なぜ日本は戦争に敗れたのか」

こんな単純な命題にだれも正面から答えていない。「敗れるべくして敗れた」とそれだけをつぶやくように語るだけで、半世紀以上も多くの日本の責任ある立場の人間が口をつぐんできた。

おそらくは天皇の戦争責任というタブーに踏み込むことを避けるために、意図的にその分析作業をサボタージュしたものであろう。

私はこの永野護の『敗戦真相記』以上に、さまざまな角度から、しかも冷静に敗因を分析したものを知らない。軍事的な分析や国力の比較など、特定の角度からの分析は少なくないだろう。

しかしながら『真相記』のように、戦時の庶民の生活実態にまで踏み込んで、冷静に分析したものは、しかもだれにも理解できるような説得力を持った形でのものは他に存在しないだろう。

永野は前書きでこう述べている。

「我々は痛切にこの現実を自覚し真剣な反省と努力とによって、日本国民の文化水準の向上をはかり、軍備より解放せられたる文化大国を再建することによって、今日の敗戦の弔鐘を、明日の勝利の暁鐘と転化し得ることと信じます」

半世紀を経たいま、「勝利の暁鐘」どころか、日本は同じ過ちを繰り返している。敗因として永野があげたすべての項目が、いま、日本にそのまま当てはまるのだ。日本が没落の一途をたどった原因として。

なぜ、「どこから見ても勝ち目のない戦争」をしてしまったのか。なぜ冷静にその分析をしようとしないのか。永野は論文の冒頭でその答えを示している。

「みんなの胸の中に何だかまだ割り切れない、もやもやした感情が残っておりはしないか。すなわち、はっきり敗けたとは理屈の上では考えながら、どうも本当に敗けたという気持になれない。いわゆる、勝負には負けたが角力には勝っていたのではないか。だから、もう一遍、角力を取れば相手を投げ付けることができるのではないかという気持が残っていやしないかと思います」

この永野の言葉を、いまの日本にあてはめてみる。十年ほど前までは押しも押されもせぬ世界第二位の経済大国であった。「もはやアメリカから学ぶものは何もない」と日本人は胸を張った。

アメリカは財政と貿易の「双子の赤字」に苦しんでいた。「日本に学べ」とばかり日本的経営に強い関心を示し、日本型の終身雇用、年功序列システムを羨むような論調さえ見られた。

図に乗った日本人はアメリカの不動産を買い漁り、マンハッタンのど真ん中のロックフェラーセンターに手を伸ばしたことでアメリカ人の怒りを買う羽目になった。

それなのに、なぜ？

「まだ割り切れない、もやもやした感情が残っている」のである。競争で負けたことは承知しながらも、「もう一遍、角力を取れば相手を投げ付けることができるのではないか」と考えているのである。

歴史の転換点を、われわれ日本人は極めて情緒的にしか捉えていないようである。したがって、何故にこのような結果になったのかの分析作業へのエネルギーが出てこない。

ただ漫然と「時代は変わったらしい」と受け止める。その変わり身の速さたるや、驚くべきものである。和辻哲郎が『風土』で指摘するところのモンスーン型気質なのか、実にあっさりと諦めてしまうのである。

『敗戦真相記』の中で、私がもっとも共鳴したのは次のくだりである。

「諸種の事情が、日本有史以来の大人物の端境期に起こったということでありまして、建国三千年最大の危難に直面しながら、如何にこれを乗り切るかという確固不動の信念と周到なる思慮を有する大黒柱の役割を演ずべき一人の中心人物がなく、ただ器用に目先の雑務をごまかしていく式の官僚がたくさん集まって、わいわい騒ぎながら、あれよあれよという間に世界的大波瀾の中に捲き込まれ、押し流されてしまったのであります」

「有史以来の大人物の端境期」。

いまの日本には、まさにこの形容がそのままあてはまる。「大人物」どころか、ごく普通のリーダー層にさえ人材に事欠くありさまだ。永野は「人材飢饉」という表現を用いているが、見事な表現である。

永野はこう嘆く。

「維新当時、日本の各地に雲のごとく現れた各藩の志士、例えば一人の西郷、一人の木戸、一人の大久保のごとき大人物が現存しておったなら、否、それ程の人物でなくても、せめて日清、日露の戦役当時の伊藤、山県のごとき政治家、また軍人とすれば陸軍の児玉源太郎、大山巌、海軍の山本権兵衛、東郷大将のごとき人物がおったならば、さらにもっと降って、せめて加藤高明、原敬、あるいは一人の山本条太郎が今日おったならば、恐らく日本の歴史は書き換えられておったろうと思われるのです」

永野は「支那事変から大東亜戦争を通じて」日本と世界の指導者の比較をしている。日本の指導者は近衛文麿、東条英機、小磯国昭。それにルーズベルト（米）、チャーチル（英）、蒋介石（支那）、スターリン（ソ連）、ヒトラー（独）、ムッソリーニ（伊）。

「千両役者のオールスターキャストの一座の中に我が国の指導者の顔ぶれの如何に大根役者然たるものであったかを痛感せざるを得ないでしょう」と述べている

のだ。

「人材」。

幕末から維新にかけてあれほど傑出した人材がいたのに、日本から人材が姿を消してしまったのはなぜなのか。

人材の有無は、時代が過ぎてからでなければわからない。そこが難しいところだ。育てようとして育つというものでもない。しかしながら、人材の育成や発掘に手をこまねいていれば、それだけ国家や社会の大きな損失を招くことになる。

「指導者は育成しうるものか」という私の拙き問に米歴史学者のポール・ケネディは答えた。

「イエス、アンド、ノー」

「人材」を考えるとき、どうしても勝海舟『氷川清話』に出てくる話に言及せざるを得ない。万延元年、すなわち一八六〇年、勝は咸臨丸で米国へ渡った。半年後に帰国した勝は江戸城へ招かれる。

居並ぶ老中から質問が浴びせられる。

「其の方は一種の眼光を具えた人物であるから、定めて異国へ渡りてから、何か眼を付けたことがあろう。詳かに言上せよ」

　勝は答える。

「人間のする事は、古今東西同じもので、アメリカとて別にかわったことはありません」

「左様であるまい。何か、かわったことがあるだろう」

　再三再四の問に、勝はこう述べる。

「左様、少し眼に付きましたのは、アメリカでは、政府でも民間でも、およそ人の上に立つものは、みなその地位相応に怜悧で御座います。この点ばかりは、全く我が国と反対のように思いまする」

「この無礼者、ひかえおろう」

　勝が日本は政府でも民間でもおよそ人の上に立つ者はみなその地位相応に怜悧ではない、と嘆いた幕末。いまわれわれは当時に思いをはせ、何と人材の溢れていた時代よと懐かしむ。勝が永野の敗戦真相記を読み、なおかついまの世を眺めたならば、何と感想を漏らしただろうか。

戦時中、東条英機首相を激しく批判した『戦時宰相論』を書き、軍部の弾圧を受けた政治家中野正剛はこう指摘した。

「国は経済によりて滅びず。敗戦によりてすら滅びず。指導者が自信を喪失し、国民が帰趨に迷うことにより滅びる」

この指摘の正しさをわれわれはいま、痛感せざるを得ない。ごく当然過ぎるほどのことを述べただけで身を滅ぼすほどの弾圧を受け、それでもなお叫び続けた勇気ある政治家が存在したことを誇りに思いながら。

戦争の根本的な原因について永野は、日本の国策の基本理念が間違っていたことを挙げている。すなわち「日本だけ栄える」という考え方で「大東亜共栄圏建設の名前で自給自足主義を強行した」ためと指摘している。

その上でいくつかの日本の特種事情が加わり、戦争への胚子を育て上げて行ったと述べている。その諸事情とは

1、日本の指導者がドイツの物真似をした。明治以来の軍閥官僚はドイツ本位で進めてきたが、ドイツ同様、卓越した民族という誤った意識がナチス・ドイツ

への心酔につながった。
2、軍部が己を知らず敵を知らなかった。近代戦の実態も英米の事情をも知らず精神力を過大評価した。軍部の独善主義は幼年学校教育にあり、極端な天皇中心の神国選民主義がある。
3、世論本位の政治を行わなかったこと。新聞までもが主張を封じられた。社会全体が憲兵の監視の下で生活するような空気であった。

「戦争の発生原因それ自体がすでに敗北の要素を内在しておる」と永野は断じている。戦後の日本にはアジア諸国の植民地を解放してやったのは日本であり、そのことに感謝している国々もある、という主張もあった。これに対して永野は満州、フィリピン、タイなどの例を挙げ、それぞれ人心を把握できていなかったと指摘する。

その結果、「日本人の勢力地域が拡大すればするほど反対に日本の戦力は脆弱になるという奇妙な論理が成り立つようになって、ちょうど下手な石工の築いた石垣のようなもので、いたるところ穴だらけで、どこを突いても、すぐに総崩れとなる形勢になっていた」と述べている。

何のために戦争をするのか。

いかなる戦争にも「戦争目的」がある。いわば戦うための大義名分である。満州を占領し、中国へ侵略し、太平洋戦争へとつながっていった一連の戦争は、そのたびごとに戦争目的が変わった。

国際社会に対して一定の説得力を持たない戦争は、まず、勝ち目がない。肝心の日本人ですら、戦争目的を理解できていなかった。一般大衆は「憎き鬼畜米英をこらしめる」ぐらいの意識しかなかったのである。

永野は日本と、敵国である米英の諜報能力のあまりの違いにも言及している。彼らのスパイ能力について例を挙げて書いている。

日本で初めて噴進式飛行機を中島飛行機の工場で完成したのが終戦の年の六月か七月。そのときほんの数時間、格納庫から飛行機を外に出しておいたところ、写真を撮られていた。終戦後、米兵から写真を見せられた関係者が度胆を抜かれたという話である。

戦争が始まってから米国ではたくさんの日本語研究所ができた。日本の教科書を第三国を通じて輸入し、日本のすべてを研究した。

これに対して日本は、中学などで英語を正課にしていたくせに、戦争が始まると「敵性語」だとして教室から英語を駆逐してしまった。この差がいかに大きかったか。

根拠のない優越意識と精神主義だけで欧米の科学兵器の進歩に打ち勝てると考えたのはなぜなのか。

太平洋戦争で日本にもっとも手痛い打撃を与えたのは、「レーダー」の存在だったと永野は言う。日本に爆撃に来た米国の戦闘機が、闇夜に正確な写真を撮っており、実に正確な投弾ぶりだったと驚いている。

原爆にしても、広島に原爆が落とされたという報告を聞いた日本の専門家たちは「技術的にできるはずがない」と容易に信じなかったというのである。

日本の敗戦後、厚木に着陸した米軍の飛行機についておもしろいエピソードを永野は紹介している。

飛行機には給油が必要だ。しかしアメリカのタンカーは横浜港に停泊しているので、厚木まで送油しなければならない。横浜から厚木まで四〇キロを米軍はパイプを敷設すると言い張る。

日本側は測量するだけでかなりの日数がかかり、すべて敷設し終わるには三年は掛かるとみた。ところが米軍はこれを二十七時間で仕上げたのである。

アメリカのニュース映画で東京空襲のニュースの題名が「科学無き者の最後」というものだったという。

この言葉を引用して永野は「単に科学兵器や経営能力に対して言われるばかりでなく、実に軍をあれほどまで横暴にさした日本の政治の根本的な仕組みにあてはまること」と指摘している。

『敗戦真相記』には「日本における陸軍国と海軍国」という一項がある。実にいまの日本をそのまま表しているようで興味深い。要するに戦争をしようというのに、陸軍と海軍の作戦がまったくばらばらだったというのである。作戦がばらばらぐらいならまだしも、互いに相手に情報が伝わらないよう腐心していたとあっては、何をかいわんやである。

「大日本兵器」という東京・青砥にある軍需資材関係の工場には、門が二つあったという。軍人の要求で陸軍用と海軍用の二つの門ができたのである。例えば鉄なども、海軍は日本製鉄、陸軍は日本鋼管と分かれており、少ない資源を奪い合っていたという。

この手の話はあまりにも情けない。しかしながら、半世紀以上経たいまの日本でも同じようなことをしているのである。霞ヶ関の役所の対立は「省益あって国益なし」と言われるような状態から変わっていない。省益どころか同じ組織の中で情報を隠したり、権益をめぐる対立を繰り返したりしている。

「みずほ」グループのシステムが発足当初からうまく機能しなかったのは、第一勧銀、富士、興銀の三つの旧銀行間で、システムの統一をめぐる抗争があったためだ。システムは完全に一つにしなければ混乱が生ずるという問題意識はあった。にもかかわらず、それぞれが自説を譲らず、結果、不安を解消できないままのスタートになってしまったのである。

縄張り意識を捨てきれない。なぜなら、責任問題が生ずるからである。責任を問われれば、自らの地位が危うくなる。したがって、みな自分がよって立つ集団の権益を守ろうとする。保身なのである。「大合併」というプロジェクトよりも、己の保身が優先した結果が、世界に恥をさらすことになってしまったのである。

永野論文はトロツキーが満州事変直後に書いた「噴火山上の日本」という興味深い一文を紹介している。

「日清戦争は日本が支那に勝ったのではない。腐敗せる清朝に勝ったに過ぎない。日露戦争は日本がロシアに勝ったのではない。腐敗せるロマノフ朝に勝ったに過ぎない。要するに、これは一つの後進国が、さらに一層遅れた後進国に対する勝利に過ぎない」

「日本は日清日露の成功に思い上がり、東洋制覇の事業に手を出し始めたが、これは早晩、アメリカかソビエトロシアに対する衝突を招くだろう。日本の生産と科学は果たしてこの大戦争に用意ができているかどうか。日本国民の神秘主義と精神論は、この大戦争によって冷酷にテストされるに違いない」

この一文に関する限り、トロツキーは完璧に正しい。彼の洞察力に感心するよりも、わが日本の指導者層に、なぜ、同じようなことを考え、意思決定に反映させうることのできる人物がいなかったのかを残念に思う。

永野は高度な日本人論の域にまで達したこの論文の中で、こう結論づける。

「何故、こうまで軍部の独裁を許したかということになると、一面は、明治維新以来の日本の政治性格の半封建性によるのでありますが、他面、たしかに、前述したように重臣、議会、財界、文化各方面の人たちの無気力によるところが多いことを認めざるを得ません」

「無気力」。

経済大国の輝ける地位から、自ら滑り落ちつつある日本をもっとも端的に象徴する言葉は、この「無気力」ではないか。戦後最悪の経済情勢などといわれながも、どこにも危機感が感じられないいまの日本。

政治もまた自律能力を完全に喪失し、問題解決のための政治であるはずが、いまや政治そのものが「問題」であるという現実。にもかかわらず、指導者達も一般大衆も、どこか「なるようにしかならない」という気分に取り付かれている。

最後に永野は「戦争の廃墟の上に再建さるべき新しい日本の前途に洋々たる希望を持ち得る」という言葉で締めくくっている。最後まで希望を持たせないまま締めくくるのでは、やり切れないという思いだっただろう。それに永野自身、半世紀後の日本はもう少しましな国になっていると考えていたのではないだろうか。

永野論文を読み終えて考えるのは、人間も国家や社会も、それほど急には変わらないものだということである。敗戦から何も日本は教訓として学んでいない。ただ外交的に優柔不断な態度を取ることや、世界に向かって決してメッセージを発したりしないというマイナスの行動しか出てこない。

しかしながら、敗戦直後にこれほど冷静、かつ的確に戦争という国家的大プロジェクトを分析してみせた人物が日本に存在していたことにいまさらながら驚くとともに、誇りを覚える。

装　　幀――河野宗平
本文レイアウト――株式会社ゾーン

◇著者紹介

永野　護（ながの・まもる）

実業家、政治家。一八九〇年生まれ、広島県出身。東京帝国大学法科大学卒業。渋沢栄一の秘書となる。東洋製油取締役、山叶証券専務、丸宏証券会長、東京米穀取引所常務理事などを歴任。一九二七年、「検察ファッショ」による「虚構の事件」といわれた帝人事件で逮捕されるが、無罪。四二年から戦中、戦後と衆議院議員二期。五六年に広島地方区から参議院議員に当選。五八年、第二次岸信介内閣の運輸大臣。実弟に永野重雄（元・日本商工会議所会頭）、永野俊雄（元・五洋建設会長）、伍堂輝雄（元・日本航空会長）、永野鎮雄（元・参議院議員）、永野治（元・石川島播磨重工業副社長）がおり、そろって政財界で活躍、「永野兄弟」として知られた。七〇年に死去。

田勢　康弘（たせ・やすひろ）

政治ジャーナリスト。一九四四年中国黒龍江省生まれ。早稲田大学第一政治経済学部政治学科卒。日本経済新聞社入社。記者歴四十二年の大半を政治記者として二十四人の内閣総理大臣を取材。ワシントン支局長、論説副主幹、コラムニスト、東京大学講師、早稲田大学教授などを歴任。現在テレビ東京で「田勢康弘の週刊ニュース新書」キャスター。一九九六年度日本記者クラブ賞受賞。著書は「政治ジャーナリズムの罪と罰」「指導者論」など多数。近著は「国家と政治　激動の時代の指導者像」（NHK出版新書）。

敗戦真相記

二〇〇二年七月十五日初版第一刷発行
二〇一二年八月十五日改装版第一刷発行
二〇一二年九月二一日改装版第四刷発行

著者　永野　護
発行人　長廻　健太郎
発行所　バジリコ株式会社
〒一三〇－〇〇二二　東京都墨田区江東橋三－一－三
電話　〇三－五六二五－四四二〇
ファックス　〇三－五六二五－四四二七
印刷・製本　中央精版印刷株式会社

ISBN978-4-86238-191-0

http://www.basilico.co.jp